À Margem do Espiritismo

Carlos Imbassahy

À Margem do Espiritismo

Refutação à crítica feita à parte filosófica do Espiritismo

☆

FEDERAÇÃO ESPÍRITA BRASILEIRA
DEPARTAMENTO EDITORIAL E GRÁFICO
Rua Souza Valente, 17
20941-040 — Rio-RJ — Brasil

ISBN 85-7328-272-X

B.N.

4ª edição – *Do 20,2º ao 22,2º milheiro*

Prefácio de GUILLON RIBEIRO
Tréplica a respostas à 1ª edição

5,32-AA; 000.3-O; 8/2002

Capa de DOUGLAS MARTINS

Composição, fotolitos e impressão offset:
Departamento Gráfico da FEB – Rua Souza Valente, 17
20941-040 – Rio de Janeiro, RJ – Brasil
CNPJ nº 33.644.857/0002-84 *I.E. nº 81.600.503*

Pedidos de livros à FEB – Departamento Editorial:
Tel: (0xx 21) 2589-6020, FAX: (0xx 21) 2589-6838.

CIP-BRASIL. CATALOGAÇÃO-NA-FONTE
SINDICATO NACIONAL DOS EDITORES DE LIVROS, RJ.

I29a
4.ed.

Imbassahy, Carlos, 1883-1969
À margem do espiritismo: refutação à crítica feita à parte filosófica do espiritismo / Carlos Imbassahy. – 4. ed. – Rio de Janeiro: Federação Espírita Brasileira, 2002
248p.:

ISBN 85-7328-272-X

1. Espiritismo. I. Federação Espírita Brasileira. II. Título.

02-0453. CDD 133.9
CDU 133.7

27.03.02 26.07.02 000572

ÍNDICE

PREFÁCIO

Desde quando fez sua atual aparição no mundo, o Espiritismo, podemos afirmá-lo, recebeu da Ciência, cuja legítima auréola o seu grande missionário lhe pôs na fronte, uma consagração peremptória, visto que em toda parte, pela voz dos mais autorizados cientistas, a realidade da sua fenomenologia entrou logo a ser reiteradamente proclamada, como continua a sê-lo, sem embargo da nomenclatura e das teorias singulares que alguns têm inventado, para lhe ocultarem a procedência, ou a causa única de onde deriva.

Não podemos, entretanto, deixar de também reconhecer que, por se apresentar igualmente distanciado das clássicas teorias materialistas da ciência e dos ensinos dogmáticos das religiões, conforme o disse Gabriel Delanne, se bem tome àquela seus métodos de experimentação e se encontre com as mais altas especulações do exoterismo de todas estas, ele fez se levantassem contra si a maioria dos que formam as hostes do cientificismo oficial, ou oficializado, e os religionários de todos os matizes.

Por quê? A esta interrogação responde cabalmente o autor do presente volume, em a "Nota explicativa" que lhe antepôs e que dispensaria em absoluto este ou qualquer outro Prefácio, tão completa ela é no fundamentar o aparecimento do mesmo volume e o objetivo, grandemente elevado, com que é ele entregue à publicidade, en-

feixando explanações doutrinárias, algumas já corporificadas em artigos insertos no periodismo espírita e que ora reaparecem ampliadas e enriquecidas de observações novas e de análises mais meticulosas, e muitas ainda não conhecidas, porque lhe foram inspiradas depois de publicadas aquelas.

De fato, ali assinala o autor o a que veio o Espiritismo à Terra, perlustrando a mesma estrada que palmilharam todos quantos hão sido fatores eficientes da evolução humana; mostra como e por que se constituiu o maior espantalho do mundo, no século XIX; como e por que ciência e religião, inimigos que se haviam tornado irreconciliáveis, e bem assim as igrejas que se digladiavam impiedosamente, se irmanaram todas para combatê-lo, qual temeroso inimigo comum. Indo mais longe, demonstra que o Espiritismo não veio destruir a lei e aponta o que é que periga realmente, ante os jatos de luz que ele projeta sobre a Humanidade inteira. Finalmente, faz claro e certo que o Espiritismo é uma nova descida do Cristo ao planeta cujo governo, desde o início da sua formação, lhe está entregue, para reunir, em definitiva, as ovelhas do rebanho que o Pai lhe confiou e que, por efeito da insânia dos que tomaram a si pastoreá-las, haviam deixado de lhe ouvir a voz de Pastor divino e único.

Mas, então, por que nos não abstivemos de prefaciá-lo? De um lado, porque, em casos como este, não há muitas vezes maneira de fugirmos às injunções da amizade; de outro, porque, não obstante nos sentirmos baldos de toda autoridade para tanto, gratíssimo se nos antolhou o ensejo, com que deparávamos, de proclamar, do seu átrio singelo, a excelência, a oportunidade e a utilidade de uma obra que concretiza os esforços perseverantes e ponderados de um trabalhador que, com a alma possuída do amor da Verdade e, por isso, iluminada pelas cintilações do Bem, teve a fortuna, ultimando-a, de agregar uma pedra inquebrável e irremovível à construção do magnificente edifício da nova fé, onde a Humanidade lo-

grará seguro abrigo contra as tormentas que a açoitam e flagelam, desencadeadas pelas suas paixões subalternas, pela sua descrença, pela sua amoralidade, pela materialidade do seu viver.

*

Por lhe evidenciarmos a excelência, que tanto nos alegra proclamar, temos para nós que bastará digamos haver o insuperável polemista, que é Carlos Imbassahy, atingido plenamente a meta que se propôs: demonstrar a inanidade absoluta de todas as críticas e ataques de que há sido alvo "O Livro dos Espíritos", a obra basilar da Terceira Revelação, e demonstrar que esses ataques e críticas só têm contribuído para comprovar a solidez e a firmeza inabalável da coluna mestra da edificação majestosa que coube ao grande Espírito de Allan Kardec levantar como Precursor do Paracleto que, segundo Jesus anunciou, viria, balizando o despontar de uma nova era para a Humanidade, reviver, desdobrados em muitos outros, os ensinos salvadores que lhe Ele trouxera e foram olvidados.

Daí decorre que — "À margem do Espiritismo" — é um livro em que todos os que zelam os foros da Doutrina Espírita encontrarão imensamente facilitada, quando a assumam, a tarefa de responder aos seus opugnadores, cujos argumentos, tirantes a forma e a ordem em que se alinham, são sempre os mesmos.

Assim, muito contrariamente ao que poderiam pretender e, certo, pretenderam os principais adversários da Doutrina dos Espíritos, que hão saído entre nós a campo para desancá-la, na esperança falaz de a reduzirem a escombros, levaram o seu destemeroso paladino à execução de um trabalho magistral de análise, que preciosíssimo se torna, pelo copioso subsídio que proporciona ao estudo e à boa compreensão da obra fundamental do Espiritismo — "O Livro dos Espíritos" — da qual as outras são, por assim dizer, meros corolários.

Quantos, mesmo dentre os espíritas que já a tenham estudado acuradamente, perlustrarem as páginas da que lhes colocamos sob as vistas, reconhecerão que a esta ficaram devendo o poderem apreciar a profundeza e a grandiosidade de muitos dos ensinos e revelações que aquela contém e que não lhes fora dado apreender pelas leituras anteriores.

É que não há, quer se trate de assuntos capitais, quer de questões secundárias, como os trabalhos de exegese, de investigação e análise, oriundos da necessidade de revidar a impugnações quaisquer, sinceras ou tendenciosas, para revelar seja o alcance, seja a beleza, seja a racionalidade, seja a superioridade do que à meditação e ao conhecimento do estudioso facultam os aludidos assuntos e questões.

*

Considerada sob este aspecto, ainda mais avultam a importância e o valor da presente obra que, de tal modo, se afirma indispensável, doravante, a quem deseje aprofundar-se na ciência, em geral, de "O Livro dos Espíritos" e, em particular, na inteligência perfeita dos pontos da doutrina aí exposta (e são os seus pontos essenciais), sobre que de preferência versam as críticas dos que supõem comparável à pobre sabedoria humana e dos seres espirituais que, como órgãos do Espírito da Verdade, assistiam o Mestre no desempenho da alta missão que lhe tocara.

São tais, com efeito, o valor e a importância que reconhecemos à obra de que falamos, onde, a par da análise que temos encomiado, das deduções tiradas dessa análise com exatidão e lógica e dos conceitos doutrinários a emergirem dela naturalíssimos e concludentes, se encontra uma exemplificação rica e sempre oportuna, a encarecer o cabedal de cultura científica e de observação judiciosa invertido na sua elaboração, que, em lugar de — "À margem do Espiritismo" — melhor lhe caberia talvez o título de — "A dentro do Espiritismo" — ou — "Na substancialidade da Doutrina Espírita".

Enfim, esmiuçando as alegações dos críticos e impugnadores contumazes do Espiritismo, escalpelando-as por suas múltiplas faces, o nosso autor põe de manifesto que quase todas elas, senão todas, derivam de uma preocupação única, que é como o eixo de rotação que lhes aciona as alavancas demolidoras: descobrir contradições no que escreveu o preclaro codificador da Doutrina dos Espíritos.

Ora, nada mais apropriado do que tal preocupação, a bem dizer exclusiva, para explicar a pertinácia das críticas e condenações, carentes de lógica e reveladoras de precário raciocínio, que o autor acudiu a rebater com irrefragável lógica e raciocínios entretecidos com precisão e clareza inexcedíveis, porque constitui manifestação positiva de incapacidade ou impossibilidade de perceber o espírito animador da Doutrina Espírita, o mesmo que anima a Doutrina Cristã.

Fato, aliás, é este naturalíssimo, pois, havendo-se divorciado completamente desse espírito, desde que se aferraram a doutrinas outras que não passam de contrafações da do Cristo, não podem aqueles em quem tal preocupação domina, ser tocados pelas refulgências de vero Cristianismo, enquanto não começarem a libertar-se da influência daquelas outras doutrinas.

Em contraposição à estreiteza desse espírito sectarista, que priva os que se lhe escravizam da possibilidade de, sequer, vislumbrarem a Verdade, criando-lhes uma mentalidade inábil a apreciar os surtos de toda idéia de libertação espiritual, o presente livro de Carlos Imbassahy, numa de suas mais belas e admiráveis páginas, exalçando o respeito que o Espiritismo prega e reclama para todas as crenças sinceras, onde às criaturas se deparem elementos de edificação moral, patenteia a esplendente sublimidade do espírito de que se denuncia impregnada a Doutrina Espírita.

Pois bem, é repassada do sopro desse espírito vitalizante, a lhe dar todas as características de uma obra verdadeiramente espírita, que se apresenta esta. Por isso, instantemente a recomendamos ao apreço dos nossos confrades e dos que, não o sendo ainda, queiram, de ânimo desprevenido, ver dissipadas as dúvidas que, por acaso, sobre as verdades que a Terceira Revelação consubstancia, lhes hajam lançado na mente as arremetidas dos que investem contra ela, em nome do dogmatismo religioso, ou do dogmatismo científico, ambos igualmente funestos ao progresso humano.

Ele nela se ostenta, através da serenidade e da benevolência cristãs com que seu autor rebate todos os golpes desferidos contra a arca santa de suas crenças, serenidade e benevolência que traduzem, só por si, pujança e enraizamento de convicções, superioridade de vistas, amplitude e firmeza de fé, fortaleza do escudo que o abroquela — o da verdade divina, e larga inspiração a descer dos altos planos da luz, para lhe fecundar as lucubrações da inteligência já aparelhada de conhecimentos abundantes, trazidos de outras existências e dilatados nesta pelo estudo continuado.

Possuído da serenidade e da benevolência, que também exprimem a tolerância inseparável da alma que, por amar sinceramente a verdade, se vota ao bem, foi que ele traçou todas estas páginas em que se espelham as nobres aspirações de seu Espírito e que o sagrariam digno de figurar na primeira linha dos humanos obreiros do Senhor, se já não houvera conquistado lugar ali, pelo seu incessante e indefesso labor em prol dos sublimes ideais que o Espiritismo faz rebrilhar por sobre a Humanidade, nesta hora em que ela se debate angustiada, dentro das sombras de uma civilização visceralmente material, nas garras do egoísmo, do orgulho, da descrença, que, em paroxismos, a dilaceram.

"À margem do Espiritismo" se coloque com ele o leitor, disposto a escutar-lhe a palavra amiga, sincera, inspirada, convicta e convincente, e com certeiro passo transporá muitas das veredas, que ainda desconheça, da

imensa floresta verdejante, onde palpita o espírito do Cristo, que lhe é a seiva, e de cujas clareiras inúmeras se divisam os esplendorosos horizontes da Espiritualidade que nos aguarda.

Que, ao menos, para o decidir a fazê-lo, sirvam as linhas desconexas deste Prefácio, que a outra coisa não visa e nenhum outro significado tem, nem nada mais exprime, além do que em começo dissemos, senão uma homenagem desvaliosa, prestada ao obreiro infatigável, ao combatente exemplar, ao crente devotado, ao polemista modelar, ao escritor claro e persuasivo, ao espírita fervoroso e ao bondoso irmão, que houve por bem distinguir-nos, exigindo que ao lado do seu o nosso apagado nome fosse lido, no limiar do seu primeiro volume publicado, com o qual oferece contribuição opulenta para a boa inteligência dessa ainda tão malquerida doutrina, o Espiritismo, a cuja margem se conservam, como nós, quase todos os que a estimam, enquanto que a maioria nem dela quer avizinhar-se, para começar a sentir as atrações do Verbo de Deus.

GUILLON RIBEIRO.

NOTA EXPLICATIVA

Não há idéia nova que não sofra o ataque impiedoso dos homens. Esse ataque se estende a tudo, às inovações materiais e às espirituais, como se o progresso devesse abrir caminho através das maiores dificuldades.

Todos sabem o tributo que deram à evolução os grandes gênios que a Terra tem tido. Vamos encontrar os pioneiros, qualquer que seja o domínio de sua atividade, pagando muito caro a ousadia de quererem trazer ao gênero humano os benefícios de suas descobertas, de suas obras, de suas luzes.

A estrada dos nossos conhecimentos está tingida com o sangue dos mártires. E se qualquer invenção, nos âmbitos da matéria, é recebida com hostilidade, fácil é compreender a oposição formidável que deve acarretar um movimento espiritual.

Ora, o Espiritismo veio agitar o mundo das idéias, e quando é a razão que se põe em marcha, as lutas são extraordinárias.

As novas doutrinas espiritualistas estenderam sua ação a disciplinas várias e, ao mesmo tempo, invadem os domínios da Filosofia, da Ciência e da Religião. Eis, por conseqüência, os conservadores de pé atrás. É o homem velho que se levanta espantado, atemorizado, irritado.

Não são apenas "princípios" o que a Doutrina Espírita vem abalar; é o comodismo, é o jogo dos interesses. Há mais ainda: os privilégios se sentem ameaçados.

O Espiritismo foi, pois, o espantalho que surgiu no século passado e contra ele e contra sua tese formou-se uma coligação geral. Todos os corpos doutrinários, todas as instituições, até então conflagrados pelas mais profundas divergências, se adunaram como as cidades gregas diante do alude persa.

Ciência e religião, que viviam em divórcio, irmanaram-se pàra combater o "inimigo", como irmanadas ficaram as igrejas, até então umas com outras em perpétua guerra. É que o Espiritismo vinha alterar os processos que a Ciência tinha estabelecido sobre a matéria e a vida, e perturbar os meios que a religião firmara para salvação das almas. Ele entendia, do mesmo passo, com o mundo físico e com o mundo moral; dava regras aos doutores e estabelecia leis aos sacerdotes. Invadia as academias e entrava pelas naves; vinha tirar ao sábio o seu orgulho, ao eclesiástico a sua autoridade.

Estava lançado o alvião nos edifícios seculares. Fazia-se mister reagir, e o embate é mais violento quanto mais temível se afigura o adversário. E esse adversário aparecia avassalador na sua multiplicidade, invencível nos seus processos, amedrontador nos seus efeitos. Não o podia poupar a Academia, não lhe devia dar tréguas a Igreja. Dir-se-ia um combate de morte.

Os espíritas curam, os espíritas oram. Oram e curam sem passar pelo seminário e pela faculdade. De um momento para outro — é o que se acredita — os templos e os areópagos podem ficar desertos; a multidão dos sofredores e dos crentes poderá dirigir-se a outros tabernáculos. Extintas as prerrogativas, extintas as fórmulas, extintas as vantagens acumuladas e cimentadas através dos séculos, extintas por uma doutrina que busca falar aos sentimentos e que não procura Deus nos altares, força é que contra a mesma se desencadeassem as tempestades. E o deus que tem reinado sobre a Terra, o deus materializado, o deus dos proveitos, agora feridos; da vaidade, agora humilhada; da soberba, agora abatida; da infalibilidade, agora destronada; esse deus lança os seus raios olímpicos contra a nuvem temerária dos ensinamentos que ameaça toldar-lhe os horizontes.

Este, o segredo das alianças heterogêneas.

O fosso que separava os credos inimigos, atulhado de cadáveres pela intolerância recíproca, desapareceu; apagou-se o fumo dos incêndios ateados; emudeceram os gritos das vítimas perecidas nas hecatombes e nos massacres; o fragor das cidades destruídas não mais ecoa; está morta a lembrança das traições e dos perjúrios; os quadros dos mais atrozes suplícios esfumaram-se. Tornaram-se deléveis as páginas da História onde avultavam os crimes da perseguição religiosa. Entre os crentes baixou a ponte levadiça para que eles se entendessem.

Se essa união fosse o advento da fraternidade universal; se se aproximassem todos para o abraço amigo, para pregarem juntos o Evangelho, só nos caberia cair de joelhos e, rosto banhado pelas lágrimas da comoção, dar graças ao Senhor por ver implantado na Terra o reino da paz.

Mas isso é o que se não dá; as tréguas são momentâneas e visam unicamente repelir o inimigo comum. É nova cruzada da discórdia.

Assim como os mais diferentes povos se ajustavam para a tomada do Santo Sepulcro e, sob esse pretexto, talavam os campos, investiam contra as cidades, assim também, para assegurar o domínio das almas, que lhes está sendo arrebatado, congregam-se os sectaristas dos mais diferentes matizes, e procuram, senão pela violência das armas, ao menos, pela da linguagem, das proibições, dos anátemas, das ameaças, cercear as liberdades, e investir contra as consciências.

O Espiritismo, como o Cristo, porém, não veio destruir a lei, mas dar-lhe cumprimento. Não há por que o recearem os homens de bem. Sempre houve no mundo lugar para todos e o Sol do amor divino estende-se por toda parte. As doutrinas que a Terceira Revelação veio fornecer à Humanidade só visam encaminhá-la para Deus.

Não são os pórticos sagrados que perigam; o que periga é a iniqüidade, a felonia, a cupidez, a hipocrisia, a veniaga, o embuste, o orgulho, a prepotência, a intolerância, a estagnação. Sobretudo o que periga é o círculo acanhado em que se tem procurado fechar o pensamento, manietando-lhe os surtos, aprisionando-o, esmagando-o.

Aqueles que cumprem os seus deveres, com sinceridade, estarão inteiramente seguros, ou sob o zimbório das suas catedrais ou sob o colmo dos seus tugúrios.

O Espiritismo prega o respeito a todas as crenças; o que busca reformar não são os templos, são os corações. E porque o homem, esquecido dos princípios divinos, se afasta das missões que lhe incumbem, é que o *Espírito Santo* desce à Terra e vem, nas manifestações da mediunidade, mostrar às criaturas interesseiras que Deus prescinde dos seus serviços.

Existe no "Quo Vadis" (1), essa obra memorável de Sienkiewicz, uma passagem ilustrativa. Ela pode servir de símbolo ao movimento atual.

Ouçamo-la:

> "No dia seguinte, ao romper dalva, avançaram dois vultos escusos pela Via Ápia em direção às planícies da Campânia. Um deles era Nazário, o outro era Pedro, que abandonava Roma e os seus filhos que em Roma eram martirizados.
>
> No Oriente, o céu revestia já impalpáveis tintas roxas que, pouco a pouco, muito abaixo, no horizonte, se orlavam com listrão açafroado, cada vez mais distinto.
>
> O prateado das folhagens, o mármore branco das vilas e os arcos dos aquedutos que, pelo campo,

(1) "Para onde vais?"

corriam para Roma, emergiam lentamente das trevas.

O céu ia-se iluminando gradualmente, como se fosse embebido em ouro líquido. Depois, o Oriente começou a tomar tons cor-de-rosa e iluminou as montanhas Albanas que surgiram, maravilhosas e liliais, como se fossem formadas só de claridades. A aurora espelhava-se nas gotas do orvalho, embaladas pelo frêmito das ramagens.

Dissolvia-se a bruma, descobrindo, aos poucos, a extensão da campina, salpicada de casas, aldeias e moitas de arvoredo onde alvejavam colunas de templos.

A estrada estava deserta. Os camponeses que levavam a sua hortaliça para a cidade próxima não tinham os animais atrelados às carroças. Nas lajes que calçavam a estrada até a montanha, ressoava debilmente o pau das sandálias dos dois peregrinos.

Em seguida o Sol emergiu de um montão de nuvens e os olhos do Apóstolo viram um espetáculo estranho. Pareceu-lhe que a esfera loura, em vez de se elevar no céu, deslizara do alto dos montes e seguia paralela à estrada.

Pedro parou e disse:

— Vês aquela claridade que avança para nós?

— Não vejo nada — respondeu Nazário.

Mas Pedro abriga os olhos com as mãos e, passados alguns instantes, diz:

— Dirige-se para nós um homem, no meio da radiação do Sol.

Entretanto, não ouviam o som dos passos. Em volta deles era completo o silêncio. Nazário apenas reparava que as árvores estremeciam ao longe, como agitadas por mão invisível, e que na campina alastrava a claridade cada vez mais ampla. E olhou para o Apóstolo com surpresa.

— Rabi! que tens? — exclamou com voz ansiosa.

Pedro deixara cair o bordão; os seus olhos olhavam fixamente em frente; tinha a boca entreaberta e o semblante refletia assombro, alegria e arroubamento...

Deitou-se de joelhos, com as mãos estendidas. E da boca jorrou este grito:

— Cristo! Cristo!

E curvou-se com a cabeça até o chão, como se beijasse pés invisíveis. O silêncio continuou por muito tempo. Depois, ouviu-se a voz do velho, cortada de soluços:

— *Quo vadis, domine?*

E a resposta não foi ouvida por Nazário. Mas aos ouvidos do Apóstolo chegou uma voz suave e triste, que dizia:

— Pois que tu abandonas o meu povo, vou a a Roma... para que me crucifiquem outra vez.

O Apóstolo continua prostrado na estrada, com a face no pó, sem um gesto, sem uma palavra. Nazário chegou a supor que ele tinha perdido os sentidos ou tinha expirado.

Mas Pedro por fim se levantou, com as mãos trêmulas agarrou no bordão de peregrino e, sem falar, voltou-se, tendo em frente as sete colinas.

E Nazário, então, repetiu como um eco:

— *Quo vadis, domine?*

— Para Roma — disse docemente o Apóstolo."

E Pedro voltou, de fato, para Roma. Do presídio onde o encarceraram seguiu para a Naumaquia e daí para o circo.

As páginas inspiradas do grande escritor polaco encerram admirável lição.

Vendo os seus abandonados, muitas vezes, por aqueles que mais dever tinham de os socorrer, o Cristo voltou ao mundo. Toda a face da Terra dominada pelo utilitarismo, servindo de imenso palco às paixões humanas, é como se fora a Roma pagã, e os justos, os bons e os pobres são imolados nas fogueiras frias da iniqüidade.

E o Cristo voltou. Muitos, ao vê-lo na estrada, pasmam como Pedro, retomam o bordão e seguem, caminho do sacrifício. Contra estes os apodos, as ironias, a crítica acerba, o combate apaixonado, as ameaças, as insinuações malévolas. Reclama-se para eles a ação penal. Alguns, mesmo, são levados ao ergástulo por invadirem a seara do médico e a seara do padre.

Qual o crime? Obedecerem ao Divino Mestre quando mandava: — Ide, curai os enfermos. E são, muitas vezes, certos pregadores do Evangelho os que primeiro clamam.

No recolhimento das suas mansardas ou dos seus centros, recebem eles, os novos apóstolos, conselhos dos Espíritos e os transmitem aos padecentes; estes conselhos servem para o alívio do corpo e para o alívio da alma. Nada auferem pelo que dão; antes tudo perdem: as horas de descanso, momentos de repouso no lar, o convívio da família, as oportunidades de divertimento, o nome, a liberdade...

Mas não importa. Aos que têm sentimento cristão não importa o sofrimento. Como Pedro, bem sabem eles que os espera a Naumaquia e o circo, embora amenizados pelos progressos da civilização.

E à semelhança de Epicteto, o moralista frígio, eles dirão: "Pode o tirano repreender-me, injuriar-me, encarcerar-me, pode até matar-me. É isso um mal? Não. O mal estaria em deixar o homem de praticar a virtude por medo da repreensão, da injúria, do cárcere, da morte."

*

Entre as diversas formas de combate ao Espiritismo conta-se a de procurar minar pela base as suas doutrinas, desmoralizando os seus livros fundamentais.

Tirante as agressões chocarreiras e as injúrias anônimas, que deixamos de lado, este é o terreno dos intelectuais e por isso merece que o consideremos.

Padres e pastores protestantes, grande parte das vezes bem ilustrados, servindo-se de argumentos lançados com habilidade digna, aliás, de melhor empresa, analisam as obras espíritas e buscam mostrar os erros e as contradições da doutrina ou de Allan Kardec.

Neste intuito, o que mais tem sofrido os ímpetos da crítica demolidora é "O Livro dos Espíritos". Miram todos, tentando abalar esta grande coluna, deixar danificado o edifício. É de ver-se o empenho com que deitam mão aos aríetes.

Os sermonários das igrejas católicas estão pejados dos mais severos ataques e quase que não há igreja protestante que não imprima, de quando em quando, o seu folheto antiespírita.

E avultam os escritos. Toda uma literatura pugilística surge dos prelos religiosos. Aos artigos de jornais e revistas sucedem-se os opúsculos, aos opúsculos os livros, aos livros os tratados. As pastorais do clero católico cruzam-se com as advertências do clero evangélico.

O cerco torna-se cada vez mais apertado. As obras de Kardec vêm sendo vasculhadas por toda parte e a todos os momentos e, contra o seu estudo filosófico, como pedra angular de toda a construção, convergem os fogos de diversas baterias.

O que se pretende demonstrar, mormente nessa parte, são os *erros gravíssimos* do Codificador, *as suas incoerências, as suas contradições, os seus absurdos, os seus dislates*.

Em suma, ao lerem-se as objurgatórias, a impressão tida, num relance de olhos, é que todo o ensinamento espírita não passa de um montão de tolices, e que os eméritos "defensores do Cristianismo", como se proclamam, procuram destruí-las em benefício da fé.

As diatribes correm mundo. O que diz um padre repete o pastor; o que diz um pastor vai servir de tese a um materialista. A literatura minaz abre caminho. Os impressos vão de igreja em igreja, passam de mão em mão e depois correm de boca em boca. Alguns bem elaborados, redigidos com estilo, com elegância, com humorismo, aparentando construção lógica, vão surtindo o seu efeito entre o povo ignaro. Em breve teremos Allan Kardec contraditado, chasqueado, confundido.

Ora, apesar do grande esforço que representa para os nossos frágeis ombros e para as nossas poucas letras, revidar aos ataques, tomamos a empreitada de demonstrar a inanidade do propósito demolidor, resolvendo coligir as principais objeções apresentadas pelos adversários do Espiritismo, apanhando-as de várias fontes, a fim de mostrar os equívocos em que caíram seus autores.

Este livrinho representa, portanto, uma resposta à crítica lançada à parte filosófica do Espiritismo. Se Deus nos der forças e oportunidade, faremos mais outros dois, e assim refutaremos as razões apresentadas à parte científica e à parte religiosa.

Muitos confrades e amigos costumam consultar-nos por motivo dos citados ataques. Estes ataques são quase sempre os mesmos, com alterações de forma. Não havia mais, portanto, que colecioná-los e a eles responder.

Pretendemos, pelo exposto, facilitar aos companheiros que não se quiserem dar a maiores canseiras, o estudo do assunto, já que temos tido a oportunidade de apreciá-lo por vezes, em controvérsia com irmãos de outras crenças.

Suprimimos os nomes dos opositores a quem replicamos, porque, além de não se tratar, no momento, de suas personalidades e sim de pontos doutrinários, quase sempre um diz o que outros já disseram, e não é justo fique um só *a pagar* por todos. A responsabilidade é coletiva e não individual.

O que deverá ficar aqui ventilado é o ambiente de suspeição e de dúvidas que pudesse pairar sobre o ensino dos Espíritos.

Não se trata, portanto, de uma polêmica, o que teria caráter pessoal, mas de assunto a explicar. O que deve ficar em foco é a matéria; o de que se cuida é rebater teorias, desfazer enganos, explicar textos, corrigir transcrições, restabelecer a verdade.

Muitos dos autores adversos que forneceram elementos, pelas suas vacilações, para a feitura desse livrinho, são hoje amigos pessoais do seu autor, que teve, portanto, ensanchas de lhes admirar o caráter, a boa-fé, a correção.

Se algo há a reprochar-lhes é o se haverem deixado levar pelo espírito de seita, que empana, por vezes, lúcidas inteligências.

O partidarismo, onde quer que se manifeste, anuvia o sentimento de justiça. As fortes cerebrações, quando tomadas de paixão, nem sempre escolhem o caminho acertado. E é tão falho o nosso entendimento e tão precário o nosso juízo, que tudo devíamos estudar com ânimo desprevenido, mormente os que procuramos servir a Deus e principalmente os que têm cargos de responsabilidade no seio das sociedades, como condutores de almas.

O que lhes havia a censurar, se acaso censura merecessem, seria a pressa que se deram em julgar sem o necessário exame, pelo desejo de verem aparrada uma doutrina que não divisam com bons olhos.

Conta-se que Pedro III, rei de Castela, costumava nomear pessoalmente os juízes do seu reino. Um dia, vagou no Tribunal de Sevilha um lugar de juiz e três concorrentes o disputaram. Pedro III chamou-os a todos e, indicando-lhes com a mão a metade de uma laranja que boiava na água de um tanque, perguntou: — Que é aquilo?

O primeiro respondeu sem hesitar: — É uma laranja.

— É a metade de uma laranja — disse o segundo, sem refletir.

E como o terceiro não respondesse, o rei repetiu a interrogação.

Então, o aspirante a juiz, servindo-se de um bastão, aproximou de si a metade da laranja que flutuava, voltou-a em todos os sentidos, e, depois de ter hesitado alguns instantes, disse: — Deve ser a metade de uma laranja.

— És um sábio — assegurou o rei — e vais ser o nomeado, porque não te atreveste, como os outros concorrentes, a julgar sem haver estudado bem a questão. Mais ainda: embora estivesses quase convencido de que não te enganavas, nem mesmo assim quiseste resolvê-la definitivamente.

Os nossos caros irmãos católicos, protestantes ou materialistas deveriam, pois, no caso, proceder sempre como aquele terceiro concorrente: examinar muito *a meia laranja* antes de darem o seu veredicto.

Mas quão inverso é o que acontece! Com que afoiteza eles afirmam ou negam tudo, estribados em hipóteses precárias, em esteios movediços, numa argumentação casuística! Com que confiança asseguram que não há Espíritos ou que os Espíritos não se comunicam, apesar do infindável acervo de provas em abono da comunicabilidade! É de ver-se a certeza com que apresentam o seu laudo negativo, quando ele repousa nos andaimes arquitetados depois de exercícios malabares, fruto de prodigiosa acrobacia intelectual.

À vista dos fenômenos, todos convergentes para a sustentação e demonstração da hipótese espírita, os ilustrados dignitários dos diferentes credos ou se calam ou recorrem às mais absurdas, injustificáveis e improváveis teorias. O que está claro diante dos olhos é o que eles não vêem.

Agora o contrário: a existência do inferno, do diabo, de três pessoas numa só, sendo Deus, ao mesmo tempo, o Filho e o Espírito Santo, isto não lhes causa dúvidas.

Não importa que um Espírito se apresente, se identifique por todos os processos conhecidos na Terra, que diga o que ninguém sabe, que prove a sua qualidade de Espírito, com os meios de prova que se requerem nas demonstrações terrenas. Não importa isto: tudo passa à conta do diabo. E devemos acreditar que os acontecimentos não se podem dar por outra forma, nem de outro jeito. Como elemento probante, o mais que se nos fornecem são textos bíblicos, elásticos, refutáveis, inverificáveis. Em matéria de prova devemo-nos todos contentar com isso.

Os representantes da ciência substituem, nos seus argumentos, a palavra *diabo* pela de *subconsciente* e dão como resolvido o problema.

É com esse material que uns e outros, ora com alguma ênfase, ora com muito humor, se julgam com o direito, senão com o dever, de se oporem à tese espírita, e então afirmam, asseguram, atestam de modo categórico, que ela está absolutamente, irrefragavelmente perdida!...

Diante de Pedro III não saberíamos como se iam haver os respeitáveis ministros da palavra, os dignos representantes de Deus ou de Minerva, para justificar a freima com que apresentam o seu julgamento.

Muito difícil será conseguir de nossos antagonistas que sobreponham, nos seus estudos, o amor da verdade ao dos princípios que defendem. Acreditamos, porém, nos processos da evolução, e esperamos poder ver, um dia, nesta ou em futuras encarnações, os esforçados antagonistas de agora, empregando as suas energias em defender as ora incriminadas doutrinas, com a mesma sinceridade que puseram em combatê-las.

CARLOS IMBASSAHY.

SUPOSTAS CONTRADIÇÕES DO ESPIRITISMO

Vamos analisar aqui a obra do rev. M..., que conseguiu enfeixar, num seu livrinho, grande número de contradições do Espiritismo, sendo, talvez, o seu maior coletor.

Cá estamos na árdua tarefa; árdua, não pela sua dificuldade, senão pelo longo caminho a percorrer, acompanhando, ponto por ponto, todas as razões apresentadas pelo nosso caro irmão em Jesus.

A 1.ª razão, enfeixada num capítulo, denomina-se "O Espiritismo peca pela base". E a base desse pecado do Espiritismo — di-lo o pastor —, está na dificuldade de identificação dos Espíritos e, conseguintemente, no trabalho que compete ao homem para firmar a verdade.

O Reverendo não queria ter grandes trabalhos; a verdade deveria estar-lhe ao alcance da mão, como frutas opimas em árvore de pequeno tamanho. Só assim ele compreenderia o Espiritismo.

A 2.ª razão por que o Reverendo não pode ser espírita está em ser "O Espiritismo contraditório".

É este o título do 2.º capítulo. Aí o autor apresenta 18 contradições que foi apanhar aos livros de Allan Kardec e que são, a seu ver, "o sinal mais evidente do erro, da falência moral"!

Os Espíritos que deram os ensinamentos kardecianos "se contradizem a olhos vistos" e o Reverendo passa a demonstrar:

*

Distinção entre bons e maus Espíritos.

1º — "O Livro dos Espíritos", inspirado por S. João, etc., a Allan Kardec, o codificador da fé espírita, a páginas XXVI com XLII: "A distinção entre bons e maus Espíritos é muito fácil." Depois: "É com efeito uma verificação muito difícil de fazer", quando é que diz o autor a verdade — antes ou depois?

Vamos responder à dúvida:

Antes do mais, diga-se que o Reverendo tem o costume de apontar aqui e ali, em "O Livro dos Espíritos", duas proposições, despi-las das orações complementares, das frases que lhes explicam ou modificam o contexto, e assim, completamente nuas das roupagens com que era vestido o pensamento, ele as coloca, uma defronte da outra, por modo a fazê-las chocarem-se, dando idéias de flagrante contradição.

Apressemo-nos, porém, a repor, nas duas frases citadas, as peças do vestuário que o nosso irmão jogou para o lado, a fim de que se veja o que disse o Kardec:

1ª frase. — A distinção entre bons e maus Espíritos é muito fácil; a linguagem daqueles é constantemente digna, nobre, respirando a mais elevada moral e isenta de baixas paixões, e a dos inferiores inconseqüente, ordinariamente trivial e grosseira.

2ª frase. — Um fato demonstrado pela observação e confirmado pelos próprios espíritas é que os Espíritos inferiores se adornam muitas vezes com os nomes mais conhecidos e venerados. Quem pode assegurar-nos que aqueles que dizem ter sido Sócrates, Júlio César... tenham realmente animado os corpos dessas personagens? Existe esta dúvida entre certos adeptos; admitem a intervenção dos Espíritos, mas não sabem o meio de reconhecer-lhes a identidade. É com efeito uma verificação bastante difícil de fazer, mas, se é impossível consegui-la de modo tão autêntico como uma certidão, ao menos, segundo certos indícios, pode-se chegar a uma comprovação.

Aí têm as duas frases: Na 1.ª diz-se que é fácil a distinção entre bons e maus Espíritos — e a oração que se lhe segue, a eliminada pelo Reverendo, espécie de causal, sugere a razão dessa facilidade: porque a linguagem dos bons é nobre, isenta de paixões, e a dos maus trivial e grosseira.

Na 2.ª frase, trata-se de determinada classe de Espíritos — a dos que se adornam com os nomes de vultos célebres; neste caso a verificação é difícil, mas não impossível.

Na 1.ª frase declara-se que é fácil a verificação entre bons e maus Espíritos. Na 2.ª, que é difícil identificar-se aquele que se apresenta com um nome celébre ou enganador. Ali se fala de modo geral, aqui se apresenta um caso particular. Ali se dá uma regra, aqui se colhe uma exceção.

Vamos apresentar um exemplo igual àquele, mas do plano material, a ver se, perdendo a sua transcendentalidade, se torna perceptível o pensamento do Codificador.

Sabemos que os desencarnados foram indivíduos que já viveram na Terra e que lá no espaço conservam, as mais das vezes, seus hábitos, suas paixões.

Deixemos, provisoriamente, os mortos de parte. Tratemos, pois, de bons e maus Espíritos encarnados, de seres vivos, e vejamos se os exemplos podem, assim, melhor calar no ânimo dos que parecem fazer-se desentendidos.

Suponhamos que alguém nos diga: — É fácil conhecerem-se as criaturas, distinguindo-se as de classe inferior das da classe superior da sociedade; aquelas têm palavras rústicas, grosseiras; estas são polidas, bem falantes.

É isto ou não é uma verdade? Certamente.

Mas poder-se-á acrescentar: — Há, no entanto, pessoas inferiores que se querem fazer passar por gente de distinção: adotam boas maneiras, dizem ter esta ou aquela posição e, neste caso, é difícil verificar se estão falando certo.

É isto exato ou não? Pode ou não se pode dar tal fato? Indubitavelmente. Logo, se há dois fatos que se podem realizar simultaneamente, eles não se contradizem.

Se o ilustrado pastor abandonasse a letra que mata, talvez pudesse compreender o espírito do ensinamento, ou o ensinamento do Espírito.

*

Matéria, mundo e Universo.

Isto posto, passemos à *2.ª contradição.*

Leiamos o Reverendo:

2. No mesmo livro ("O Livro dos Espíritos"), pág. 8, pergunta e resposta n. 21, lê-se: "A matéria existe de toda a eternidade, como Deus, ou foi por ele criada em algum tempo?" Resposta dos Espíritos de luz: "Só Deus o sabe." Logo, ninguém sabe se a matéria existiu de toda a eternidade ou se foi criada. Todavia, à pág. 14 perg. e resposta n. 37, diz "O Universo foi criado ou existe de toda eternidade como Deus? — Sem dúvida que ele não poderia fazer-se a si mesmo e, se existisse de toda a eternidade como Deus, não seria obra de Deus." E à pág. 49, resposta n. 130, diz: "Sabei que o vosso mundo não existe de toda a eternidade."

E o autor borda estes comentários:

Pergunto: diante dessas revelações, partidas dos mesmos guias de luz, que é o que devo crer?...

Pedimos agora que prestem bem atenção a este final:

"...que é o que devo crer? Quando disseram que ninguém senão Deus **pode saber se a matéria é eterna** ou quando disseram dogmaticamente **que ela não é eterna?** Para que me servem duas coisas opostas?"

Quando vimos este remate, fomos passar de novo os olhos pelo trecho apontado para verificar onde se dizia que "a matéria era eterna" ou se afirmava "dogmaticamente que a matéria não era eterna".

Baldado empenho. Lemo-lo uma, duas, três vezes, muitas vezes, e nada! Aguçamos bem a vista e o entendimento: tudo inútil. Pedimos a outras pessoas que também o lessem, não fosse estarmos fora do juízo, e todas confirmavam que tais frases não eram encontradas nos livros de Kardec nem estavam no trecho transcrito.

De fato, nada ali se afirma ou nega sobre a matéria. Trata-se, no aludido período, de 3 coisas distintas, cada qual com sua significação própria: — a *matéria*, o *Universo* e o *mundo*.

Nunca poderá ver alguém nestas três coisas distintas a reprodução do mistério da Santíssima Trindade. Que elas três sejam uma única verdadeira, só dirá quem desconhecer, concomitantemente, a Física, a Astronomia e o dicionário.

Matéria é a substância de que são formados os corpos; o Universo é o conjunto dos mundos; o mundo, isto é, o nosso mundo — insignificante parte desse conjunto.

Não há confundi-los.

Como o nosso mundo foi formado, até Laplace no-lo explica. Mas a matéria? Ela está dentro do mundo e fora do mundo; ela se estende pelo infinito; até onde? Que formas revestia? Donde veio? Como foi formada? — Só Deus o sabe — respondeu o Espírito.

É o ovo donde surgiu tudo o que vemos. É a causa das causas, a fonte do imenso mundo material. Que queria o Reverendo que o Espírito nos dissesse, capaz de ser compreensível à nossa fraca inteligência? Talvez nem ele o soubesse ainda! Só Deus, na sua infinita sabedoria, poderá penetrar tão profundo arcano!

O que o Espiritismo afirmou que não existia de toda a eternidade foi o *nosso mundo.*

Estará no mesmo caso que a da matéria, a gênese do mundo, isto é, a gênese da Terra? De certo que não. Fica ela ao alcance de qualquer estudante de Cosmografia, familiarizado com a teoria das nebulosas.

Assim temos que a *matéria* (1.º assunto) é a causa primária de todo o cosmo material; responderam os Espíritos que, do começo de sua existência, só Deus sabia.

O *Universo* (2.º assunto) é o conjunto dos mundos; os Espíritos disseram que ele não se podia fazer por si mesmo. Pois está claro que foi Deus quem o fabricou. Fê-los da matéria, essa sim, de que os Espíritos não quiseram ou não puderam dar a gênese.

O *mundo* (3.º assunto) é uma partícula do Universo. Os Espíritos acham que ele não existiu de toda a eternidade. Aliás, sem a informação dos Espíritos, toda a gente sabe a mesma coisa. Qualquer pessoa lida em Cosmogonia percebe que a Terra não vem da eternidade; passou pelo período de formação a que estão sujeitos todos os mundos.

Deixemos, porém, que o leitor mais arguto busque descobrir, nas passagens indicadas, onde se diz que a matéria é eterna ou que não é eterna e passemos à contradição terceira apresentada pelo pastor:

*

Cristo: homem-Deus.

3. O Evangelho dos Espíritos diz: "Longe, bem longe de nós, filhos, as crenças retrógradas que fazem de um Deus homem." Mas "O Livro dos Espíritos", n. 1009, afirma: "Jesus-Cristo, o Homem-Deus". Qual das duas proposições é verdadeira na boca dos "guias" de além-túmulo?

Ambas, bom amigo.

Quando se fala no homem-Deus, quer-se dizer o homem que tem qualidades de Deus, atributos de Deus, virtudes de Deus.

Está isto muito longe da afirmativa de que o *homem é Deus.*

É ainda uma questão de *letra.* Lendo-se toda inteira a comunicação do apóstolo, na qual está a expressão, para logo se lhe vê o *espírito* e se percebe que o comunicante nunca pretendera que fosse Deus a figura do Cristo, "o arquétipo humano", como lhe chama.

Quando alguém, aludindo a um aviador notável, fala no "homem-pássaro", ninguém irá supor que se trate de um verdadeiro pássaro com garras, bico e penas, senão de um homem que teve feitos de pássaro.

A imagem é fulgentíssima àquele que não tem a mira posta em fazer crítica demolidora.

Com o afirmar que o ser humano não é um animal, na sua significação zoológica, não ficamos impedidos de usar das muitas frases com que damos a entender as qualidades, vícios ou instintos que ele ainda possui.

O homem-tigre, o homem-rato, o homem-gato, o homem-raposa, o homem-macaco, o homem-abutre, o homem-elefante, o homem-carneiro, o homem-borboleta, o homem-toupeira, o homem-preguiça, o homem-condor, o homem-águia são expressões usuais, e quem as emprega quer dizer que o homem possui, daqueles irracionais, os atributos: — do tigre a fereza, do rato a ladroagem, do gato a agilidade, da raposa a astúcia, do macaco as artimanhas, do abutre a rapacidade, do elefante a corpulência, do carneiro a submissão, da borboleta a inconstância, da toupeira a estolidez, da preguiça a indolência, do condor os remígios, da águia a realeza.

Acreditaria alguém, quando em certo cartaz de cinema lia o reclamo do filme — o homem-mosca, que iria ver mosca em vez de homem?

Pois essa ilusão, que não a teria o mais ingênuo dos apreciadores de cinematógrafo, passou pelo esclarecido espírito do diretor do simpático órgão evangélico.

Paremos agora por aqui, que a jornada é grande. São mais 15 contradições, todas do mesmo jaez ou de pior que os 3 pequenos panos de amostra que aí ficam. Passadas estas 18 contradições, entra o autor em razões outras, que se sucedem e multiplicam de maneira a fazer-nos perder o fôlego.

Mas, como a paciência é uma virtude, vamos experimentá-la, seguindo as pegadas do nosso caro irmão.

*

Espírito e perispírito.

Passemos, agora, à 4.ª contradição. Consiste ela na definição dada a "espírito" e "perispírito", dizendo os guias que aquele era "matéria quintessenciada" e este "como quintessência da matéria".

Onde há *contradição* nisto, não sabemos. O com que, talvez, se atrigasse o pastor, foi sobre a semelhança das definições. Tratar-se-ia, então, de pobreza de linguagem, nunca, porém, de idéias que se opõem.

Aliás, é perfeitamente explicável e justificável o fato: espírito e perispírito são mais ou menos da mesma natureza; ambos desconhecidos para nós, ambos difíceis de definir. Na impossibilidade de achar, no vocabulário humano, expressão capaz de nos dar uma idéia perfeita do que fosse um e outro, é possível que o comunicante não tivesse outro recurso senão o de lançar mão de frases que quase se equivalem.

*

Fieira do mal.

E como *de minimus non curat pretor*, vamos à contradição 5.ª.

É do autor o seguinte tópico:

> "O Livro dos Espíritos", pág. 46: "Todos os Espíritos passam pela fieira do mal para chegarem ao bem?" Resposta: "Pela do mal, não; pela ignorância, sim". Agora, pág. 48: "Os Espíritos chegados ao supremo grau, depois de haverem passado pelo mal, etc."
>
> Quem pode entender isto? passam ou não passam os Espíritos pela estrada do mal?

Entenderá quem ler com atenção, quem não cortar as frases, quem não suprimir uma interrogação, quem não confundir uma pergunta com uma resposta, quem não tomar uma indagação do consulente como uma definição do Espaço.

Vamos completar a última frase, a da pág. 48, tal como se encontra no Kardec, e veremos que é imperdoável a dúvida.

126. — Os Espíritos chegados ao supremo grau, depois de haverem passado pelo mal, têm aos olhos de Deus menos merecimento que os outros?

Trata-se, como se vê, de uma pergunta. A suposta frase contraditória não é uma resposta dos Espíritos, senão uma explicação que se lhes pede.

*

A figura simbólica de Adão.

Passemos à contradição 6.ª.

Esta reside no fato de dizerem os Espíritos que — "aquele a quem chamais Adão não foi o 1.º homem nem o único que povoou a Terra", e em nota declarar o Kardec: "Alguns Espíritos consideram Adão um mito." E o autor então interroga: — Adão foi homem ou não foi homem? Foi só figura ou o que é que foi?

Antes de entrar na suposta divergência digamos que, ainda mesmo que ela existisse, natural seria que determinados Espíritos dessem um ensinamento a Kardec e este, lealmente, viesse declarar a opinião dos outros.

É como se nós fizéssemos uma obra baseada nos testemunhos e pareceres dos doutos e em certa passagem declarássemos:

A e B afirmam isto, mas C e D opinam aquilo. Infirmava essa divergência o valor total da obra ou seu autor poderia ser inquinado de contraditório?

Mas, nem este caso mesmo se nos oferece.

Para bem compreender-se o assunto, digamos, em síntese, como se teria dado o chamado pecado original:

Viviam felizes os seres ou alguns seres; moravam em regiões edênicas; manifestando-se-lhes a volição, desobedeceram às prescrições do Senhor e enveredaram pelo mal. Foram, então, expulsos para mundos inferiores, vindo para a Terra, estes que têm sido os nossos companheiros de infortúnio.

Não era uma criatura, mas muitas criaturas; todas tocaram no fruto proibido — o que lhes era vedado pelo Pai. — Foram banidos do Paraíso, que era essa região onde não estavam submetidos às provas de agora.

Compreende-se, pois, que digam uns que aquele a quem chamamos Adão, isto é, aquele que procedeu como Adão, que foi expulso como Adão, não fosse o único — visto como, de fato, foram muitos.

Não erram, porém, os que consideram um mito a descrição bíblica, porque os fatos não se passaram segundo *a letra*, e, tais como nos são descritos, fogem à realidade dos acontecimentos; não deixam de ser uma alegoria.

E aí têm como Adão representa muitos *adões*, e como o adão único pode ser um símbolo.

É preciso ler a obra complementar de Roustaing para podermos apreciar devidamente o episódio da gênese. Então se compreenderá perfeitamente que não há aí contradição alguma.

*

Fascinação e Espírito a serviço de outrem.

Estamos na 7.ª contradição apresentada pelo digno pastor protestante, o rev. M..., para demonstrar a falência da Doutrina Espírita.

Vejamo-la:

> "O Livro dos Espíritos", pág. 211, n. 515: "Efetivamente estas pessoas exercem sobre outras uma espécie de fascinação irresistível. Quando isso se dá para o mal, é obra de Espíritos maus... Deus o permite para vos experimentar." Mais adiante, pág. 224, n. 551: "Um homem mau, auxiliado por mau Espírito, pode fazer mal ao seu próximo?" Resposta: "Não; Deus não o permitiria."

Exclama agora o pastor: — "Mas, por amor à coerência, digam-nos: Deus permite ou não permite?"

Cabe-nos responder que permite no 1.º caso e não permite no 2.º. Sim, porque os casos não são iguais.

No 1.º trata-se de fascinação para o mal, no 2.º de mal ao próximo. Estão em capítulos diferentes, fazem parte de assuntos diferentes. No 1.º caso, o que é permitido, com o fim de experiência, é a fascinação, ou melhor diríamos, a tentação. No 2.º caso, o que não é permitido é servir-se alguém de um Espírito, como de um instrumento, para molestar o próximo.

Façamos as perguntas por outros termos:

Caso do n. 515:

P. — Pode um Espírito tentar uma pessoa?

R. — Pode.

Caso do n. 551:

P. — Pode alguém ter um Espírito às suas ordens e dele servir-se para fazer mal aos outros?

R. — Ah, isto não pode.

*

Origem e essência dos Espíritos.

Posto o que, passemos adiante.

Consiste a contradição 8.ª em dizer a doutrina que os Espíritos são criados iguais, simples e ignorantes e, ao mesmo tempo, em declarar que nem todos são essencialmente maus. E o nosso irmão comenta:

> Ora, isto quer dizer que alguns são essencialmente maus. Logo, na origem não foram todos iguais, pois se, em essência, uns são de todo maus e outros não, logo não são criados iguais. É lógico.

Não acertamos com a conclusão. Que é que tem a essência dos Espíritos com sua origem? Por que não sendo todos maus, em essência, não podiam ser criados iguais?

Parece que o nosso amigo está equivocado sobre a significação de um termo.

Teria ele, talvez, razão, se essencialmente quisesse dizer originariamente; se essência fosse o mesmo que origem. Não é esta, porém, a acepção do vocábulo.

Essencial quer dizer principal; essencial é o constitutivo de alguma coisa. Quando se declara que um Espírito não é essencialmente mau, o que se afirma é que ele não tem como qualidade *principal* a maldade; que ele não é *constituído unicamente* de maldade. Que tem que ver isso com sua criação ou sua origem?...

*

Os Espíritos não retrogradam.

Outro equívoco em significação de palavra é o da contradição 9.ª.

Diz "O Livro dos Espíritos", n. 118, "que os Espíritos ficam estacionários mas não retrogradam" e, n. 126, que eles foram chamados maus porque sucumbiram, sendo antes disso apenas *simples e ignorantes.*

E o pastor pergunta:

"Se os Espíritos foram criados simples e ignorantes e alguns escolheram o mal, não degeneraram?"

Cita ainda Roustaing e indaga por fim: "Quem pode entender isto?"

Respondemos: quem compreende que simples e ignorante não quer dizer bom. O Espírito retrogradaria se da bondade passasse à maldade.

Em estado de simplicidade e ignorância é como a pedra bruta. É o estado onde não se lhe esboçaram os sentimentos, onde se não manifestou ainda a vontade. Quando lhe surgem os primeiros bruxuleios do entendimento, segue o caminho ditado pelas paixões que em si nasceram. Desse ponto, então, é que não há retrogradar.

Esboçado o mal, fica entregue ao seu livre-arbítrio, cai no torvelinho da vida; esse mal produz o escândalo, o escândalo produz a dor, a dor traz o arrependimento, o arrependimento a necessidade da reparação, a reparação conduz à felicidade.

Tal a vida evolutiva do Espírito. Caindo aqui, levantando acolá, vai ele, estrada em fora, peregrinando pelos carreiros das existências, escorregando a cada passo em falso, tropeçando nos socalcos, ferindo-se nas penedias, sangrando, chorando, gemendo, mas progredindo sempre, deixando em cada queda uma imperfeição antiga, criando por cada ferida um sentimento novo.

Foi este o ensinamento.

Bem compreendemos como desejaria o pastor que o Kardec se visse fisgado nas pontas de dois versículos contraditórios. Só assim seria possível antepor a essa doutrina, que nos dá o homem produto do seu esforço, aquela em que ele se salva pelos merecimentos de outrem, em que ele será feliz ou não será feliz, conforme crer ou não crer em Jesus-Cristo.

É bem de ver que esta doutrina de comodidade não se podia antepor àquela de justiça.

Afastadas as nuvens do sectarismo que obumbram o entendimento humano, para logo o ensinamento espírita se impõe em todo o esplendor de sua beleza, em todo o vigor de sua lógica. Para derrubá-lo, pois, só uma "contradição". Mas nos parece que, ainda desta vez, não o conseguiu o reverendo.

E a propósito, ainda, da retrogradação do Espírito:

Muitos supõem que o ensino de que os Espíritos não retrogradam significa que eles tendem sempre a melhorar em qualquer terreno, e estendem essa melhoria ao terreno material, como se *progresso do Espírito* tivesse alguma coisa que ver com progresso mundano, com conquista de posições, com aquisição de bens, de riquezas, de comodidades. Nesse pressuposto, julgam contraditório afirmar-se que o *ser,* em novas encarnações, pode ocupar situação inferior à que já obtivera em vida precedente.

Nesse engano caiu também um escritor católico, o qual, depois de citar, num livro contra o Espiritismo, o versículo apontado — o de que o Espírito não retrograda — e de referir-se ao que trata das punições, exclama:

> Logo há punição. Logo o Espírito degenera. Logo não é só recomeçar, mas é voltar atrás no merecimento, pois desmereceu

para com Deus, tornou-se pior, mereceu castigo! Mas mestre, que diacho de barafunda é esta? Você no dia em que escreveu isto parece que andava lá pelo mundo da lua...

Não há barafunda nenhuma. Quem disse que o Espírito degenera? Por que degenerará o Espírito? Degeneraria o Espírito que se tornasse pior em caráter, em sentimentos, em moral. O Espírito em punição, muito pelo contrário, purifica-se com o sofrimento. Julgar que o ser, por estar sendo castigado (adotemos o termo para maior compreensão), fica pior ou volta atrás do merecimento, é raciocínio que não se percebe. Atrás do merecimento voltaria por novas culpas, por novos erros, nunca pelas penas.

Quando se afirma que o Espírito não retrograda, entende-se que ele não desce em moralidade, não adquire paixões más, não reaviva as já amortecidas ou extintas, enfim não piora nas suas *qualidades espirituais.*

São ainda ilógicas as conclusões do muito respeitável representante da Igreja Católica, quando diz:

...Logo, o nosso preclaro mestre (palavras irônicas com que se refere a Kardec) admite também que a moral leva à perdição, admite que pode haver uma existência inferior... **Non capisco niente**... Se diz que o Espírito não pode retrogradar, então ou é castigado sem o merecer, pois como diz não retrogradou, apesar da punição infligida, ou então admite que retrogradou, porque mereceu o castigo e conseqüentemente tornou-se pior. De todos os modos temos contradição.

Contradição nenhuma. Pelo exposto se vê que esclarecidas inteligências às vezes se obnubilam, quando se põem a atacar o Espiritismo.

Que Kardec admite o mal moral, não há dúvida; que admite uma existência inferior, também é claro; as reencarnações, para os culpados, não são mais do que existências inferiores. Os Espíritos, porém, nessas existências inferiores, não se tornam piores — mais perversos, ou mais viciados, ou mais indignos — e, portanto, não retrogradam. Quando eles sofrem é por faltas anteriores; quando descem em condições materiais é pelos erros passados; quando são submetidos à lixívia das provas é para que se tornem claras as manchas dos seus corpos espirituais. O indivíduo não desmereceu na existência em que está expiando as suas culpas, mas na anterior em que se tornou culpado; as dores são a conseqüência do desmerecimento anterior.

As dúvidas que assaltaram o sacerdote, a quem estamos procurando esclarecer, também passaram pela mente de vários opugnadores. E razão temos nós em afirmar que eles não prestaram ao assunto o cuidado que lhes devia ele merecer; antes, o que procuravam era destruir a Doutrina Espírita, descobrindo-lhe erros, fosse como fosse. Não tivessem tanta freima e encontrariam tudo explicado nas próprias obras de Allan Kardec, que eles pretendem minar pela base. Assim, vemos em "O Livro dos Espíritos":

> N. 193 — Pode um homem nas suas novas existências descer mais baixo do que esteja na atual?
>
> R. — Com relação à posição social, sim; como Espírito, não.
>
> N. 194 — É possível que, em nova encarnação, a alma de um homem de bem anime o corpo de um celerado?
>
> R. — Não, que não pode degenerar.

Retrogradação do Espírito, por conseqüência, é degeneração e degenerar, vejam-se os dicionários, é perder os tipos e as qualidades da geração, é corromper-se, depravar-se, estragar-se.

E para pôr o ponto final do assunto, mais este tópico do abalizado escritor católico:

> E mais uma contradição temos no n. 168: **Em cada nova existência o Espírito adianta um passo na senda do progresso.** Mas como, mestre, se o homem se tornou culpado? Como, se desceu a uma existência inferior? Como, se tem que sofrer castigo, o que não é nenhum passo na senda do progresso? Não, mestre, pelas suas próprias palavras o Espírito culpado recuou em vez de ir para diante, teve que sofrer a punição, o que não o deixou de atrasar...

Repitamos: não é a punição que atrasa, o que atrasa é a falta. O indivíduo se atrasa pela ação má que pratica e não pelo que ele sofre. Quem deixará de ver que o atraso só provém do erro e não da pena? Ele dá um passo na senda do progresso, porque sempre adquire qualquer conhecimento, sempre paga qualquer dívida.

Parece-nos que não pode estar mais clara a questão. A criatura, asseteada pelas dores, eleva-se. Há casos em que essas dores pouco aproveitam: ele reincide nas suas faltas, blasfema, desespera: será, então, um estacionário. Voltar atrás é que não. Aquele que conseguiu libertar-se de certa mácula não volta outra vez a adquiri-la. Aquele que tomou ojeriza definitiva por um vício, não volta a segui-lo. Aquele em cujo coração entrou uma parcela de bondade, não vem a perdê-la. Esse é que é o espírito do ensinamento. O ser não cai em moral: ascende sempre, e, de vida em vida e de dor em dor, vai acrisolando a alma, beneficiando-a, purificando-a, até tornar-se espírito puro e merecer a felicidade.

Tal é o a que colima a nossa jornada planetária: iremos ao Céu: iremos ao Céu através das agonias das existências terrenas, mas iremos. Ao Inferno é que nunca, e assim é que será possível perceber-se a bondade do Pai.

*

Os seres imperfeitos do princípio.

Voltemos ao pastor M...

Vejamos se foi feliz na sua 10.ª contradição.

Aqui a dúvida é por afirmarem os Espíritos que a vontade do homem é solicitada por seres imperfeitos, que exercem sua influência desde a origem do mesmo homem.

E pergunta o nosso irmão:

"...Donde saíram esses Espíritos imperfeitos, se todos foram criados iguais? É uma coisa que não entendo. Porque no princípio todos eram **imperfeitos**, ignorantes, iguais; contudo havia uns mais imperfeitos que tentavam os menos imperfeitos a cair!? Donde vieram?"

Em primeiro lugar e entre parênteses, digamos que não se encontra nos ensinamentos kardecistas o de "que no princípio todos eram imperfeitos". Essa vai por conta, unicamente, do nosso ilustre amigo.

Agora, a contradição.

Aquele que sabe que Deus existe de toda a Eternidade e vem criando de toda a Eternidade poderá compreender que houvesse sempre seres "mais imperfeitos que tentassem os menos imperfeitos".

Verdade é que, vivendo num mundo de finalidade, em limite de espaço e tempo, não se pode facilmente conceber essa criação de toda a Eternidade.

Os que, porém, iluminados pelos albores da nova luz, conseguem transpor, em imaginação, os lindes do planeta, vêem o tempo e o espaço em sua grandeza infinita; sabem que infinito é Deus e que infinita é sua obra; e sendo infinita, sem começo nem fim, é razoável aceitar que houvesse sempre Espíritos "mais imperfeitos tentando os menos imperfeitos".

Desde que exista o *Infinito,* não será absurdo conceber que também exista a criação infinita, embora a nossa imaginação, acostumada ao limitado, se perca nessas extensões e não as abarque.

*

Afeições. Espíritos simpáticos.

Saltemos agora para a contradição 12; nesta assim se exprime o autor:

"O Livro dos Espíritos", pág. 131, n. 296, pergunta: "As afeições individuais dos Espíritos são suscetíveis de alteração? Não; nesse sentido não podem enganar-se." E à pág. 133, n. 303, diz-se: "Podem dois Espíritos simpáticos deixar de o ser? Certamente se um deles for preguiçoso."

Mas, alteram ou não se alteram nos Espíritos as afeições individuais?

O Reverendo toma os vocábulos na significação que lhe apraz, sem admitir outras, e, daí, os seus ininterruptos enganos.

Assim é que ele supõe que simpatia é sempre estima.

Ora, simpatia é influência, identidade, atração. E dois seres se podem atrair por muita coisa, que não pelo afeto. Pode haver apenas a atração pelos pendores, e podem desatrair-se, sem que o afeto se altere.

E não se diga que estamos ajeitando os vocábulos para justificar a contradição.

Se o opositor tivesse lido o Kardec com olhos, não de quem quer fulminá-lo, mas de quem deseja esclarecer-se, veria no n. 301: "A simpatia que atrai um Espírito para outro *é a perfeita concordância de seus pendores, de* SEUS INSTINTOS..."

Simpatia aqui, portanto, é concordância de pendores, de instintos.

Suponhamos dois operários com os mesmos gostos, com a mesma profissão, achando os mesmos prazeres nas rinhas de galos, nos *matches* de boxe, nas toiradas, nas pugnas carnavalescas; eis que um deles, em dado momento, abandona esses grosseiros divertimentos e dá para freqüentar o Lírico, dedica-se às artes, entra a compreender as manifestações do belo.

Estes dois seres, primitivamente simpáticos, deixaram de o ser, dada a lacuna na identidade de hábitos, dada a quebra na semelhança de pendores, sem que, por isso, deixassem de ser amigos, sem que suas afeições individuais fossem suscetíveis de alteração.

Deixaram de ser "simpáticos" simplesmente porque um, mais preguiçoso, não acompanhou a evolução espiritual do outro.

*

Prazer nas homenagens terrenas; falta de vaidade nos Espíritos perfeitos.

Estamos na 13.ª contradição do Espiritismo.

Apresenta-a o nosso irmão M..., quando cita:

13. "O Livro dos Espíritos" n. 326 diz: "que quando o Espírito chega a certo grau de perfeição já não tem vaidade e compreende que honras tributadas a seus despojos mortais são uma pura futilidade e que só certos Espíritos ainda apegados à matéria é que se importam com estas coisas".

Ns. 320, 321: "os Espíritos sentem-se felizes quando deles se recordam os queridos da Terra... apreciam e respondem às homenagens que lhes prestam os queridos da Terra... no dia de finados concorrem em maior número a encontrar-se com os amados que estão na Terra".

E o nosso ilustre amigo interroga:

Mas, por favor, os Espíritos acham prazer nessas homenagens terrenas ou acham-nas uma futilidade?

Desta vez, aliás como quase sempre, o pastor não teve por si nem a letra nem o espírito da comunicação.

Segundo a letra, a distinção estaria feita: acha uma futilidade em tais honras *"o Espírito que chega a certo grau de perfeição"*; supõe-nas inúteis *"os que já não têm vaidade"*; "só se importam com estas coisas", porém, isto é, desvanecem-se com tais honras os que *"ainda estão apegados à matéria"*.

Contradição nenhuma, portanto. Os Espíritos perfeitos acham tais honras fúteis; não pensam assim os apegados à matéria. Outro assunto agora: os Espíritos se sentem felizes quando os seus queridos da Terra se lembram deles. Ali se trata de honras, de tributos a despojos, de toda essa encenação tida para com o corpo, onde só fala a vaidade ou, na melhor hipótese, o preconceito humano, as fórmulas humanas. Aqui se cuida das recordações, das homenagens traduzidas pelas lágrimas sinceras, onde o que fala é o amor, onde o tributo é de alma para alma.

As honras que os Espíritos, "os que não têm vaidade", julgam fúteis, são as honras materiais, as pompas da Terra, as solenidades fúnebres, onde não entra o sentimento, mas o fausto; são as demonstrações da riqueza, do orgulho ou do poder; são as grinaldas custosas, onde só se despende dinheiro, são os cortejos que não custaram um soluço.

Ao contrário, as homenagens com as quais se sentem felizes os Espíritos são aquelas que partem do íntimo. Quando eles "concorrem, no dia de finados, a se encontrarem com os amados da Terra", vêm atraídos pelas recordações desses amados, pelas suas saudades, pelo seu afeto. É nessas homenagens que os Espíritos acham contentamento.

E aí tem o pastor como é diamantina a distinção que não pôde fazer.

*

A escolha do corpo.

Na contradição 14.ª embaraça-se o nosso distinto amigo por dizerem os ensinamentos espíritas "que o Espírito não pode lamentar-se de estar reencarnado, porque ignora, não sabe que escolhe um corpo", e, mais adiante, que "o Espírito escolhe um corpo", etc.

E o autor, por fim, conclui:

> Como é isto: o Espírito é que escolhe ou é Deus? Se é Deus, para que esperar tempos e tempos para que um Espírito tenha oportunidade de escolher novo corpo, como ensina o n. 349? Se o Espírito é que escolhe, como ignora que escolhe? Francamente, isto é uma grande confusão.

Não há dúvida nenhuma de que a confusão é grande, mas não foram os Espíritos quem a fez.

Perguntando o A. se é o Espírito quem escolhe ou é Deus, parece que no Kardec se diz, ora que Deus escolhe, ora que quem escolhe são os Espíritos. No ponto em apreço, pelo menos na transcrição, não se fala em Deus (1); deixemos, pois, de lado essa dúvida. Nem mesmo compreendemos por que, sendo a escolha feita por Deus, o Espírito não poderia "esperar tempos e tempos"...

---

(1) Nem sempre são os Espíritos que escolhem. Há os casos de exceção a que nos reportaremos se houver necessidade.

De fato, um pouco confuso.

Agora, a pergunta final: "Se o Espírito é que escolhe, como ignora que escolhe?"

Acompanhe-nos o autor ao trecho citado de Kardec e leiamos:

"O Espírito não pode lamentar-se de estar reencarnado, porque ignora, não sabe que escolhe um corpo."

Aí tem o meu bom amigo. O Espírito, que ignora, é o que está *reencarnado,* como diz a transcrição, ou melhor, como se acha em "O Livro dos Espíritos": *"O Espírito, uma vez* ENCARNADO, *não pode arrepender-se de uma escolha de que não tem consciência."*

Não pode haver confusão nisso. O Espírito que escolhe é o *Espírito livre;* o que não sabe que escolhe é o *"encarnado"*. Impossível confundir a ação e arbítrio do Espírito no espaço, com a inconsciência do Espírito na Terra.

O que se dá é o seguinte: o Espírito, no espaço, escolhe (é a regra, mas que comporta exceções), escolhe o corpo que lhe há de servir de ergástulo. Encarnado, porém, já não sabe que a escolha foi sua e não pode arrepender-se de um ato de que não tem consciência.

Se, pois, há confusão, não é, certamente, dos ensinamentos espirituais.

*

Envoltórios do Espírito.

Uma das mais interessantes perplexidades do autor, é a que se encontra na 15.ª contradição. Leiamo-la:

15. Já vimos acima que os Espíritos fazem da matéria laço que prende o Espírito, como fazem do perispírito laço que une matéria e Espírito. Pois bem, à pág. 150, n. 367, ensina-se que a matéria é apenas envoltório do Espírito como o vestuário o é do corpo. E à pág. 34, ns. 93-95, declara-se que o perispírito é o envoltório do Espírito!

E o nosso amigo exclama, por fim, em tom de quem vai deixar o Espiritismo para sempre confundido:

> Mas, por amor à lógica, senhores kardecistas, qual é o envoltório do Espírito: a matéria ou o perispírito?

Por amor à lógica, como se vê, o envoltório de qualquer coisa só pode ser um.

Dois envoltórios, três envoltórios, dez envoltórios, isto é coisa que a *lógica* não admite.

Se um fabricante de pianos nos manda o seu instrumento, como é costume, envolvido em várias camadas de papéis, e em panos, e numa folha de zinco, e ainda numa caixa de madeira, temos o escritor a indagar: "mas por amor à lógica, Srs. industriais, qual é o envoltório do piano: o papel, o pano, o zinco ou a madeira?"

Por maneira que, fazendo um embrulho, só lhe temos que aduzir um envoltório. Se colocarmos qualquer objeto numa caixinha, estamos impossibilitados de lhe pôr um papel por fora.

E para dar um exemplo mais ao pé do caso, lembremos a dificuldade em que se vão encontrar os naturalistas e anatomistas para nos falarem das membranas que envolvem o cérebro. Por amor à *lógica,* elas só podem ser uma, mas, por amor à verdade, elas são três. Assim é que se nos diz que o cérebro é envolvido pela dura-máter, pela pia-máter e pela aracnóide; e ainda podíamos falar do crânio e do couro cabeludo.

Como a *lógica*, porém, não nos permite tal ensinamento, só nos resta jogar o nosso epítome de história natural pela primeira janela que encontrarmos e ficar a ver como se vai ajeitar o criador, para amoldar a constituição do corpo humano à constituição doutrinária do digno reverendo.

Poderíamos, a respeito do ponto, explicar um pouco o que o Espírito queria dizer com a palavra envoltório, a única que melhor daria idéia da relação de espaço entre espírito, perispírito e matéria. Mas o assunto não é pertinente, no momento.

*

Como se deveria ter visto, saltamos a contradição de n. 11. É que essa era perfeitamente igual à que acabamos de tratar.

Para o autor só poderia haver um laço entre espírito e matéria. Muitos laços, para ele, é como muitos invólucros — devem ser evitados por homenagem à *lógica*.

É que não sabe o nosso prezado irmão que os laços, que às vezes se nos armam, são tão variados e múltiplos, que deles não podemos dar conta. E não são dos menos embaraçosos o nos fazerem ler uma coisa por outra.

"Pilhérias" *lá de cima,* diríamos nós, espíritas. Para o pastor, talvez fosse indescupável descuido do Espírito-Santo que, segundo parece, dormita às vezes, à imitação de Homero, e não vem auxiliar os amigos.

Quandoque bonus...

*

Diz "O Livro dos Espíritos", tratando da lei do progresso, que o homem não pode retrogradar, que o alvo é progredir incessantemente, e ao falar dos loucos declara, como ainda em outra passagem, que o Espírito pode ficar estacionado.

Foi esta a 16.ª contradição colhida pelo rev. M...

Aí o vocábulo "incessantemente" é que impressionou o autor, vocábulo que "briga" com a idéia de ficar o Espírito estacionário.

Ora, o estacionamento a que se refere o Kardec ou se referem os Espíritos é um estacionamento temporário, insignificante, nulo, diante do progresso da criatura na sua viagem milenária.

E porque este progresso se dá sempre, nada influindo nele as diminutas paradas do Espírito, é que se diz incessante.

Cessar não quer dizer parar sem interrupção de espécie alguma. Cessa-se por momentos e cessa-se de vez.

O que os comunicantes queriam dizer com aquele "incessantemente", não é que deixasse de haver uma cessação momentânea no progresso espiritual, mas que não haveria uma cessação definitiva, que o indivíduo não estacionaria para sempre.

— Essa criança não pára!

É uma frase muito comum na boca de toda a gente. Mas quem irá supor que a criança de quem se fala, não tenha nunca, não pudesse ter nunca um instante de parada na vida, que a sua movimentação seja ininterrupta, sem horas de refeição, nem de sono, nem de coisa nenhuma?

Logo se compreenderá que se trata de uma força de expressão e o que se queria dizer era que a criança vive em constante agitação.

Assim, empregaram os Espíritos o termo "incessantemente", para que se compreendesse que havia o constante caminhar para a frente. Não serão as paradas rápidas, acidentais, fugazes que impedirão essa marcha "incessante para o alto".

Não é incessante o progresso do mundo ou mesmo do nosso país? Não obstante, esse progresso não tem sofrido eclipses?

Mentiria quem dissesse que os rios se dirigem incessantemente para o mar?

Certo que não. Mas se um curso de água topa com um estorvo, encontra um empecilho, dá com uma barragem, ei-lo represado por instantes; as suas águas se avolumam, crescem, engriponam-se; a breve trecho rompe-se o dique e a corrente se precipita de novo para o seio do Oceano.

A sua corrida não cessa, porque o rio não deixa de aportar ao vasto lençol glauco, onde vão mergulhar as águas de todos os cursos fluviais.

Tal é o Espírito na sua ascensão para o seio de Deus. As suas paradas momentâneas, numa existência infinita, equivalem a milionésimos de segundo, ou a uma fração ínfima de tempo.

Cessaria o seu progresso com essa interrupção mínima?

Todos estão a ver que não.

Vencido o obstáculo, inapreciável quase, na sua existência eterna, continua ele, o Espírito, o seu progresso "incessante" — e incessante porque não *termina.*

Esse é que é o espírito da comunicação.

*

Liberdade de pensamento; liberdade espiritual.

Vamos agora à contradição 17.ª onde nada, absolutamente nada, justifica as dúvidas do autor. Aí nem mesmo a letra, por mais rigorosa que fosse a análise e mais caturra que viesse a ser o censor, jamais daria lugar a qualquer embaraço.

Transcrevamos, por inteiro, o trecho:

> "O Livro dos Espíritos" à pág. 328 n. 825 pergunta: "Há posições sociais em que o homem possa vangloriar-se de liberdade absoluta? R. — Não, porque todos vós, pequenos e grandes, tendes necessidade uns dos outros." Já à página 330, n. 833 diz: "Há no homem alguma coisa que escape a qualquer constrangimento, e na qual goze de liberdade absoluta? R. — É pelo pensamento que o homem goza de liberdade sem limites, pois o pensamento não conhece obstáculos." Aqui a contradição é flagrante.
>
> Pela frase peremptória: o pensamento não conhece obstáculos; pelo pensamento é que o homem goza liberdade absoluta firma-se que condição alguma pode servir de obstáculo à liberdade humana. Entretanto, como vimos, "nas posições sociais não goza o homem liberdade sem limites! Logo as posições sociais são obstáculo ao pensamento livre do homem; logo, o que se ensina em n. 825 colide com o que se preceitua no n. 833! Entenda-se isto!

O que não se entende é onde possa haver aqui qualquer contradição ou o que se lhe assemelhe.

Pelo exposto verifica-se que o Reverendo acha contraditório dizer-se que o indivíduo tem limitações de liberdade nas posições sociais que ocupa e não as tem no pensamento.

Por mais, porém, que se dêem tratos à inteligência, ninguém descobrirá a semelhança que possa haver entre o pensamento e a posição social do indivíduo, para que seja contradição afirmar-se que há liberdade naquele e não o existe nesta.

Trata-se de coisas sem nenhum ponto de contacto; um, imaterial; a outra, materialíssima; o pensamento, função do indivíduo; a posição, função da sociedade.

E quem não percebe, mesmo sem tratar-se de Espiritismo, que o ser não tem liberdade nas posições que ocupa e que, no entanto, o seu pensamento é livre?

Pois não é palpitante esta verdade, não está a entrar pelos olhos, quaisquer que sejam os credos que tenhamos?

Pois não está sujeito o funcionário ao diretor; o soldado, ao general; o operário, ao mestre de obras; o caixeiro, ao dono do estabelecimento; o criado, ao patrão? O médico não depende do cliente; o advogado, do constituinte; o negociante, do freguês; o artista, do público?

Numa carreira qualquer não há sempre o superior e o inferior? Mesmo nas altas posições não existe dependência? O Comandante obedece ao Ministro; o Ministro ao Presidente; o Presidente à Assembléia; a Assembléia, ao Povo. Os próprios monarcas não têm restrito o seu poder? Há liberdade, portanto, nas posições sociais? Quem é que teria coragem de responder pela afirmativa?

Agora, o pensamento. Quem duvidará que ele seja livre? Pois não está claro que cada um pode pensar o que quiser? Quais são os entraves ao pensamento?

Quem pode embaraçá-lo?

Respostas são estas a que não se abalançará a responder o digno pastor, sem ter que confessar o seu equívoco.

É fora de dúvida que pode quem quiser pensar o que entender. Não está no poder de outrem limitar esse pensamento. Logo — diremos nós agora — é claro que "pelo pensamento o homem goza de liberdade sem limites" — visto como (é a transcrição do próprio reverendo) "o pensamento não conhece obstáculos".

E se há liberdade no pensamento e não a existe nas posições, onde a contradição?...

O equívoco do escritor, como se vê, diante da limpidez do assunto, é daqueles que não se compreendem. Há ali ilações de pasmar:

— Pela frase peremptória, de que o "pensamento não conhece obstáculos" — raciocina o autor —, "afirma-se que condição alguma pode servir de obstáculo à liberdade humana".

Como se afirma que *condição alguma* pode servir de obstáculo à liberdade, se os Espíritos só a aceitam para o pensamento?!...

Que se nos permita repetir a expressão do nosso amigo: — entenda-se isto!

*

A hora fatal da morte.

Estamos no final do capítulo. Chegamos, finalmente, à última contradição. Tem ela o número 18, e reside na colisão dos vers. 854 e 953 de "O Livro dos Espíritos".

No 1.º se diz que quando chega a hora da morte não podemos escapar-lhe e, no 2.º, que há culpa quando alguém abrevia o termo fixado por Deus.

Eis aí o flagrante: "eis aí duas coisas juntas que não se podem dar bem"; eis aí o "que faz não acreditar nesses mestres do espaço".

Ora, no n. 853 se ensina que Deus estabelece um prazo para a nossa existência, e que não o podemos ultrapassar. Isso não impede, porém, que alguém abrevie o termo por sua conta.

É como se disséssemos: há ali um abismo, ninguém o poderá transpor. Lá chegados, todos cairão. Tal não quer dizer, que, antes desse abismo, que antes desse marco, não possa o indivíduo cair, por moto próprio, no primeiro pego que encontrar ou que quiser.

Suponhamos, porém, que há nesse lanço uma contradição, que os Espíritos não souberam explicar o caso, "que as duas coisas juntas não possam ser", que "briguem" — na expressão do reverendo.

Perguntamos: como se explica esse fato no Protestantismo? Deus não marca a hora da morte? Quem se suicida, não abrevia esta hora? Ou a hora do suicida foi também estabelecida por Deus? ou Deus não marca hora nenhuma?

Fiquemos a esperar que, com certeza, o ilustre pastor vai deixar-nos admirados da clareza e da lógica com que sua doutrina resolve o caso.

Chegamos ao termo do 1.º capítulo das contradições.

Nenhum de seus itens ficou sem resposta. Vimos como eram fracas as suas objeções e explicáveis as suas dúvidas.

Esses são os tropeços dos que põem de parte a razão para seguir o dogma; dos que desprezam os fatos, pelos princípios sem base, anteriormente estabelecidos; dos que se apegam à letra e abandonam o Espírito; dos que se firmam no passado e não têm em conta a evolução; dos que levam em mira sustentar, de qualquer forma, uma seita, esquecidos de que se afastam de Deus, quando não têm por supremo escopo a descoberta da Verdade.

Entretanto, só esta é que é divina; só por ela chegaremos à perfeição.

* * *

ERROS DA PRESSA EM DAR COMBATE

Terminamos o estudo que vínhamos fazendo do 1.º capítulo do livro do reverendo.

Era o capítulo das contradições e fácil foi mostrar os muitos equívocos em que incidiu o autor, na análise de "O Livro dos Espíritos", o de que se ocupa naquela parte, quase que exclusivamente.

É bem possível que houvesse, que haja naquele livro, que é obra que passou por mãos humanas, pontos que merecessem reparos. Não há trabalho isento de senões.

O próprio reverendo, que andou com apurada lente, catando contradições em Allan Kardec, das mesmas se não pôde eximir.

Assim é que o vemos escrevendo um opúsculo para demonstrar as erronias do Espiritismo. "O número de seus princípios absurdos é quase infinito" — diz o autor, à pág. 37. Tem ele um capítulo especial para demonstrar que *"o Espiritismo é a negação absoluta do Cristianismo"* (pág. 77), e eis que à pág. 67 nos declara que a sua velha Bíblia já há milhares de anos lhe ensinava TUDO quanto os espíritas hoje ensinam.

Se *tudo* que a Bíblia ensina está no Espiritismo, por que não pode ser espírita o nosso bom pastor?!... E como pode ser a negação absoluta do Cristianismo uma doutrina que encerra *tudo* por onde se guia o nosso cristianíssimo irmão?

À pág. 104, o escritor lança esta proposição: "As observações sérias e de boa-vontade realizadas por cientistas desprevenidos têm chegado incontestes todas — a esta tese: *Os fenômenos espíritas não provam a ação das almas do espaço.*"

Deixemos, de lado, por enquanto, a inveracidade absoluta da afirmativa, e vejamos que o autor parece não acreditar provenham de mortos os fenômenos espíritas. Se quisermos, porém, demonstrar-lhe o desacerto, pode muito bem sair-nos ele, em resposta, com sua passagem de fls. 64: "Não nego a possibilidade da aparição de espíritos de mortos."

Mais adiante acrescenta: "Os fenômenos extraordinários do Espiritismo são atuação dos espíritos maus." E depois: "Entretanto, *apenas para argumentar* admito que os fenômenos do espírito, em parte, sejam o que julgam: evocação de mortos." E ainda, pág. 129: "Sim, admito que haja fenômenos no E., porém nenhum deles exige explicação sincera fora dos poderes vivos dos vivos."

Declara, pois, que os mortos não se comunicam, visto que os fenômenos são dos vivos; no entanto, uma das razões por que o pastor não é espírita reside no fato de Moisés proibir que se falasse com os mortos. E aí temos Moisés proibindo uma coisa que não existia.

Mas este é um assunto que não podemos discutir com o reverendo, porque, acabada a leitura do seu opúsculo, ficamos sem saber ao certo a que ele atribui, de fato, os fenômenos espíritas, se aos mortos, se aos vivos, se aos espíritos maus, se aos demônios, se a forças naturais...

Estamos aqui, sem ponto de apoio.

Na análise dos capítulos subseqüentes, trataremos dos assuntos de maior relevância doutrinária. Viu-se que era possível acompanhar o autor, ponto por ponto, linha a linha.

Mas se formos a seguir o mesmo processo em toda a obra, não acabaremos mais.

Há diversos trechos no livro do Dr. M..., o que acontece com muitos dos seus correligionários, em que os enganos se assemelham; são más interpretações de vocábulos, são frases despidas dos seus complementos, são assuntos já tratados e não vemos necessidade de voltar a repetir o que já foi dito, embora as citações sejam diferentes. Se, porém, o autor supuser que o ponto omitido é irrespondível, chame-nos a atenção.

Há muitas frases, no Kardec, como em qualquer autor, que parecem desajeitadas ou mesmo absurdas, se lhes tiramos o acompanhamento.

Nota-se que o ilustrado reverendo, o que é comum de ver-se em opositores vários, pratica amiúde essas omissões, e assim nos apresenta "O Livro dos Espíritos" cheio de "tolices".

*

Porque somos filhos de Deus.

Ponhamos exemplo. No cap. "O Espiritismo é ilógico", pág. 41, dá-nos esta o autor protestante:

5. "O Livro dos Espíritos", pág. 30, n. 77: "Somos filhos de Deus por sermos obra dele." Mas isto é disparate, é argumento que prova demais. A pedra é obra de Deus, a árvore, o mosquito, o barro, os anjos (1) também o são. Logo tudo isto é filho de Deus! Não é absurdo?

Agora vejamos o n. 77, inteiro, sem as desarticulações que o tornam pouco compreensível:

77. Os Espíritos são seres distintos da Divindade ou serão simples emanações ou porções desta e por isto denominados filhos de Deus?

Meu Deus! São obra de Deus, exatamente como uma máquina o é do homem que a fabrica. Esta máquina é obra do homem, não é o próprio homem. Sabes que, quando faz alguma coisa bela, útil, o homem lhe chama sua filha, sua criação. Pois bem! O mesmo se dá com relação a Deus: somos seus filhos, pois que somos obra sua.

(**Allan Kardec,** "O Livro dos Espíritos".)

Aí temos o trecho com os antecedentes que o explicam.

Ali vemos que o Espírito chegou àquela conclusão, depois de considerações várias, para poder dar uma idéia da relação e parentesco que havia entre os Espíritos e a Divindade.

As dissertações e explicações, em casos como estes, são indispensáveis para a clareza do sentido.

---

(1) Será absurdo dizer-se que os anjos são filhos de Deus?!...

Se dissermos, sem mais nada — esta água é do mar porque é salgada, poderíamos cometer a cinca atribuída ao Kardec e era bem capaz de nos surgir por diante a crítica impiedosa, fazendo-nos lembrar que nem toda água salgada é do mar.

Mas, sabendo-se que se trata de um lençol de água, que se investiga se essa água é de lago, rio ou oceano, logo se compreenderá que não haverá dúvida quanto à intenção da frase apresentada e o que se tem em mente é excluir a hipótese de que a água fosse de lago ou rio, visto que era salgada e, portanto, só podia ser de mar; e erraria quem impugnasse o acerto da expressão, baseado na inexatidão da recíproca.

Suponhamos, agora, um indivíduo justificando por que chama filho ao outro: — chamo-lhe filho porque fui eu quem o educou, quem o criou... porque é feitura minha. E é uma justificação semelhante à que se encontra em Kardec.

Abusaria, certamente, do direito de análise, quem saísse a exclamar: vejam que disparate! O gato, o cachorro são filhos dele porque foram criados por ele! As obras que tem em casa são feitura sua, logo são suas filhas!...

Vê-se que, com esse processo crítico, fácil é destruir, fulminar qualquer trabalho.

*

Deus é único.

Os Espíritos que deram seus ensinamentos, transmitiram idéias. Essas idéias vestiu-as o Kardec como pôde, dentro da pobre roupagem da linguagem humana. Enfermo, cheio de trabalhos, premido pelo tempo, precisando terminar sua obra, não se lembrou de submeter todos os seus trechos a rigorosa investigação gramatical; é que não supunha iria mais tarde avir-se com a férula de um professor.

Pois a questão de termos, de análise vocabular esgota grande parte do opúsculo do reverendo, como se o interesse do autor fosse, não o de examinar os pontos capitais da doutrina, senão submeter à prova os conhecimentos de redação do aluno.

Ex.: — Em "O Livro dos Espíritos", diz Kardec "que Deus é onipotente e que o era por ser único". E o reverendo declara: "É mais outra cincada filosófica. Prova: Pedro é único porque não tem outro igual, é filho único, logo Pedro é onipotente."

Como? Cincada filosófica? Que tem a filosofia com a construção do período?

Nada disso. Pura questão lexical.

Aliás, a frase de Kardec não se cifra naquilo; ele explica o — *único* — a que se refere — *ao soberano poder*; e por que sendo único é onipotente? Porque só ele tem o soberano poder. "... Se não dispusesse de soberano poder... algo haveria tão poderoso quanto ele ou mais poderoso que ele."

Aí têm. Ele é onipotente por ser único, isto é, único em poder, único em soberania. O que visava o ensino de Kardec era demonstrar que o Senhor não tinha outro de igual força que com ele pudesse competir; era demonstrar o erro, esse, sim, filosófico, da existência do diabo, que entra em luta com Deus, e, não obstante a onipotência divina, vence-o e toma-lhe as almas.

Não cabe, pois, o paralelo estabelecido pelo pastor: "Pedro é único, logo Pedro é onipotente."

Não há nenhum Pedro que seja único. Qualquer Pedro sempre encontra outro que se lhe assemelhe, com quem esteja em pé de igualdade, e, quando mais não seja, de quem tenha os mesmos defeitos. No entanto, igual a Deus não há nada, não existe ninguém.

Também mereceu reparos da Igreja Católica esta "cincada". Entretanto, folheando a "Doutrina Católica" (1), encontramos a seguinte afirmativa: *"Deus é único em certo ponto de vista..."*

Nem mais nem menos dizem também os protestantes. E a crítica se faz assim.

Mas passemos adiante.

Há ainda que notar a circunstância de que os livros de Kardec foram escritos em francês e os que o contraditam sujeitam frases e vocábulos portugueses a severa inspeção, sem lhes importar saber como estavam no original.

Para quem se propõe um estudo imparcial, para quem tem o dever de ser justo, esse descuido é de certa gravidade e pode dar lugar, como deu, a algum equívoco de capital importância.

Querem um exemplo?

*

Os Espíritos tiveram começo, mas não têm fim.

Leiamo-lo no n. 6 do cap. citado: *O Espiritismo é ilógico:*

> Idem ("O Livro dos Espíritos"), pág. 30, n. 78: "Se os Espíritos não houvessem tido princípio seriam iguais a Deus." E, n. 191, nota: "A vida do Espírito nunca teve fim, visto que nunca teve começo." Além da contradição, cada Espírito fica sendo... Deus!

Não disse Kardec nem foi jamais ensinamento espírita que "a vida do Espírito nunca tivesse começo".

Na transcrição acima há engano de revisão ou de tradução.

A doutrina declara justamente o contrário do que se aponta, isto é, ensina "que a vida do Espírito tem começo".

Há, de fato, algumas traduções em vernáculo, cheias de cochilos, e, por esse motivo, as últimas diretorias da

(1) "Doutrina Católica" — Boulanger, ed. Alves, 1929.

Federação têm feito traduções inteiramente novas das obras do mestre, traduções essas confiadas ao provecto cultor das duas línguas, o Dr. Guillon Ribeiro.

Assim, se abrirmos "O Livro dos Espíritos", n. 191a da edição brasileira, traduzido por aquele confrade, o que lemos no ponto em questão, de perfeito acordo com o que está no original francês, é o seguinte, conforme se pode facilmente comprovar:

"Ele (o Espírito) passa gradualmente de estado de embrião ao de infância, para chegar, percorrendo sucessivos períodos, ao de adulto, que é o da perfeição, com a diferença que, para o Espírito, não há declínio, nem decrepitude, como na vida corporal; que a sua vida, *que teve começo,* não terá fim, etc."

Isso corresponde fielmente ao que está no original francês e que é:

"...que sa vie, qui a eu un commencement, n'aura pas de fin."

Aí vê o bom amigo em quantos pontos se enganou, quantos tropeços lhe tem custado a afanosa jornada! Tais são os percalços das obras de demolição, sem a conseqüente parte construtora!...

* * *

A FALTA DE LÓGICA

Uma das razões por que o rev. M... não pode ser espírita está no fato de ser ilógico o Espiritismo. Para demonstrá-lo foi valer-se em grande parte de um opúsculo, que se intitula — "Tolices de Allan Kardec".

Melhor fora ao reverendo que se deixasse ficar com seus próprios argumentos. À influência daquelas "Tolices" resvalou por um plano inclinado, parecendo que a lógica o abandonara definitivamente.

A obra incessante do Criador.

E senão, veja-se: — "4. Um achado de arromba é o de que Deus, sendo eterno, deve haver criado incessantemente... Não querem dar a Deus um momento de descanso...".

E o autor das "Tolices" continua comentando: "Esta saída do nosso Kardec faz levar a mão ao queixo... Com que, então, caro Kardec, Deus não pode deixar de estar sempre criando?... Que bela conclusão resulta desse raciocínio, hem, mestre? Você, em sua capacidade filosófica, devia subir... subir... até entestar com Platão e ali dar uma cabeçada no grande grego...", etc.

Basta isto para pequena amostra.

Antes do mais, cumpre salientar o engano, às vezes proposital, de atribuir-se a Kardec o que não é absolutamente dele. São descabidas aquelas perguntas ao Kardec: — "com que, então, Kardec" — "que bela conclusão, hem, mestre?..." — visto como não é esse mestre que responde pelos ensinamentos que nos são ministrados, senão os Espíritos, ou então os médiuns por cuja boca foram fornecidos os mesmos ensinamentos.

Se, pelo motivo apontado, deve Platão receber alguma cabeçada, não virá ela, certamente, de Allan Kardec.

Tem sido sempre equívoco dos homens fazerem Deus à sua semelhança, erro esse tanto mais acentuado quanto menos adiantadas espiritualmente são as criaturas.

Os deuses dos povos primitivos eram iracundos, vingativos, exigindo sacrifícios tremendos, produzindo calamidades por ofensas ou supostas ofensas feitas à sua dignidade ou às suas imagens. Qualquer ninharia os irritava. Estavam sempre desejosos de zumbaias e sequiosos de oferendas, quando não de grandes hecatombes. Eram, pois, maus, fúteis e ambiciosos como os seres terrenos.

Vemos, ainda, em Roma e na Grécia os deuses participando das tendências, dos sentimentos e das paixões humanas.

Já dizia Horácio acreditar-se que Júpiter reinava nos céus, quando o ouviam trovejar: *"Coelo tonantem credidimus Joven regnare."*

As religiões oriundas do Cristianismo fazem melhor idéia do Criador; não obstante, crêem-no, ainda, implacável, como fautor do inferno, subordinável, como condescendente com certas oblatas, e agora estafável, como a criação infinita.

É o velho antropomorfismo, tão difícil de pôr de lado.

E é esse o motivo de achar-se um contra-senso não ser dado a Deus um momento de repouso.

Um Deus humanizado, um Deus que não perdoa, precisa, necessariamente, descansar como qualquer pobre mortal a quem coubesse o ofício de zonchar uma bomba.

Não o podem, porém, ver assim, exaurido, exinanido, esfalfado, carecente, portanto, de tranqüilidade, os que já lançaram as vistas, desassombradamente, para o campo da espiritualidade e o notam sem mescla de contrário material.

Podemos, mesmo, com os exemplos deste mundo, inferir o que se passa nos outros mais adiantados ou nas esferas espirituais, e daí verificarmos a exatidão das lições do Espiritismo.

Quem não percebe que o trabalho espiritual não nos causa as penas do material?

Não se pode comparar o esforço de um pedreiro com o de um pintor.

Além disso, o cansaço é da matéria e não do Espírito. O Espírito não cansa. Vemos o indivíduo sonhar a noite inteira, isto é, manter-se em atividade durante todo o tempo do sono e acordar sem nenhuma fadiga, antes refeito dos trabalhos corporais.

Estão em contínuo labor os Espíritos no Espaço e, com mais justa razão, isto deve acontecer com Deus.

Não pensa deste modo, porém, o autor das T. de A. K. e, entre os motivos por que impugna tal doutrina, apresenta o seguinte arrazoado:

> Ora, se V. (refere-se ao Kardec) me diz que Deus cria cem mil Espíritos a cada instante, eu lhe replico: Deus, pelo menos, pode criar cem mil e um. Se V. me fala em dez milhões, eu lhe observo com a mesma facilidade que ele pode criar dez milhões e um.

E aí tem. Infere-se desse raciocínio que, para acreditar-se na atividade constante do Criador, faz-se mister precisar o número de Espíritos que surgem de cada fornada.

Se dissermos que Deus cria dez mil Espíritos, replicará o antagonista que podem ser criados dez mil e um e, *ipso facto,* está destruída a hipótese da criação eterna!

Como não nos foi possível, porém, compreender por que "*ceci tuera cela*", passemos a outro ponto:

*

O respeito às crenças alheias.

É do livro do pastor o seguinte:

> 11. "O Livro dos Espíritos" n. 655: "É censurável seguir uma religião em que não se crê do fundo dalma, etc.? A intenção nisso, como em muitas outras coisas, é a regra. Aquele que só tem em vista respeitar a crença dos outros não faz mal." E mais sobre a prece: "A intenção, para Deus, é tudo."

E o autor comenta:

> Essa doutrina é jesuítica e falsa. Então, porque por cortesia devo respeitar a fé do hotentote, devo seguir a religião dele? Ou se dou um tiro na cabeça do meu vizinho — com intenção de livrá-lo de um grave perigo, faço bem?

O ponto é de molde a amplos estudos. Premido pelo espaço, limitar-nos-emos aos trechos da transcrição.

Vamos por partes. Em primeiro lugar, nunca disseram os Espíritos "que se deve seguir uma religião em que não se acredita".

Vejamos o trecho em questão, conforme a tradução de Guillon Ribeiro:

"Merece censura aquele que *pratica* uma religião em que não crê do fundo dalma, *fazendo-o apenas pelo respeito humano e para não escandalizar os que pensam de modo diverso?*"

A esta pergunta respondem os Espíritos: "Não procede mal aquele que, assim fazendo, *só tenha em vista respeitar as crenças de outrem.*"

PRATICAR determinada religião, em certo momento, e assim fazê-lo unicamente *para que não haja escândalo, não é* SEGUIR uma religião.

Não somos católico, mas, se passar ao pé de nós uma procissão, tiramos o chapéu, conforme os princípios da cortesia humana.

Não deixamos de estar *praticando,* visto como é prática do Catolicismo o se descobrirem os crentes à passagem de uma procissão, mas nem por isso estamos *seguindo* o Catolicismo.

Atente-se, portanto, bem no texto, que damos no original, por evitar dúvidas:

"Celui qui n'a en vue que de respecter les croyances d'autrui ne fait pas mal."

"Aquele que só tem em vista respeitar as crenças de outrem, não faz mal."

Como se vê, o que não faz mal é "respeitar" as crenças alheias, e não, o "segui-las".

Certa vez, querendo ouvir um pastor protestante, fomos ao seu templo. Lá fizemos tudo o que os outros fizeram; ajoelhávamos, sentávamos e levantávamos, consoante víamos os outros ajoelharem, sentarem ou levantarem; comeríamos até do pão e beberíamos do vinho que ingeriam os fiéis, se nos fossem dados de comer e de beber. Se não procedêssemos assim, iríamos escandalizar, magoar ou ofender os irmãos em Cristo, o que nossa consciência religiosa, nossos princípios doutrinários e nossa educação desaconselhavam.

É para que todos procedam por essa forma, que foi dado o ensinamento que tanta revolta causou, como sendo "doutrina jesuítica e falsa".

Doutrina de tolerância e de respeito é que ela é; doutrina que muitos ainda não podem compreender, na intolerância do sectarismo.

Agora a 2.ª parte: "Se eu dou um tiro na cabeça do meu vizinho, com intenção, etc."...

Mas quem é que irá dar um tiro na cabeça do vizinho, com boas intenções? Dessas é que se diz estar calçado o inferno.

Além disso os Espíritos não declaram que *todo e qualquer ato* seria bom, conforme a intenção e, no lanço transcrito, o que se declara é que "a intenção nisso, como *em muitas outras coisas...*"

Em muitas outras coisas não é em todas as coisas. Quando eu digo que tenho *muitos chapéus,* não quero dizer que tenho *todos os chapéus.* Posso possuí-los em número de 5 ou 10 ou 20 e haverá milhões fora do meu guarda-roupa.

Assim, muitas intenções não são todas as intenções, sem exceção de espécie alguma, nelas incluída a de procurar salvar o vizinho, dando-lhe um tiro na cabeça.

Quem tal fizesse não entraria para o quadro dos bem-intencionados, mas para o dos loucos. Antes de se lhe abrirem as portas da bem-aventurança, fechar-se-iam, com certeza, sobre ele, as do hospício.

*

Tolerância.

Este é um dos pontos em que todos tocam; é o ensinamento espírita que mais dá que pensar aos opositores. Todo livro ou escrito, contrário ao Espiritismo, refere-se a ele. Os que se propõem combater a Doutrina Espírita para logo o apresentam como um dos maiores ou o maior absurdo doutrinário.

Há uns tantos assuntos a que nos podemos abeirar ou não. Esse, porém, não é esquecido nunca.

Compreendemo-la, embora não a achemos justa, a razão do ataque. Cada Igreja acha que só ela é que está com a verdade e, mais ainda, que fora dela não há salvação. O sectarista não faz outra coisa quase que não seja lançar o anátema sobre as outras seitas. O católico chega ao ponto de interdizer aos fiéis toda e qualquer relação com um credo ou mesmo com um crente que não seja católico. Proíbe-lhes que assistam a outros cultos, que freqüentem outras igrejas, que leiam obras de outras religiões, que ouçam conferências sobre doutrinas outras; enfim, um bom católico não se mistura.

O protestante não percebe a salvação sem a Bíblia.

Cada qual está absolutamente seguro de que ele e os da sua grei são os detentores únicos da graça divina; coube-lhes o privilégio, muitas vezes pelo acaso do nascimento, de estarem dentro da verdadeira religião. Por uma dádiva da fortuna, que é cega, eles é que estão certos. Fora do que eles dizem, está tudo errado.

O filho do católico, criado no Catolicismo, deve ao berço o não ter sido educado em outra crença, e pôde, por essa misericórdia do Alto, acreditar na infalibilidade do Papa e proclamá-la; o filho do protestante, ainda pelo berço e pela educação, pôde apreciar a sublimidade das Sagradas Escrituras e temo-lo com a graça de compreender que a salvação se dá pela Fé.

Tudo, graças oriundas do acaso ou da parcialidade do Senhor.

Este crente está sempre em oposição àquele, porque um não *quer* entender a magnitude dos ensinamentos do outro.

Deve-se, pois, combater o erro — acha o crente — e combater o erro é cair de rijo nas demais crenças, desfeiteá-las acintemente, desrespeitar-lhes os ritos, menosprezar-lhes as cerimônias, deslustrar, menoscabar, desacreditar-lhes os ensinos, sem conceder nunca a possibilidade de que eles estejam certos. Ter uma religião é dar combate às outras. Assim pensam, assim pregam.

É só assim que um religioso compreende uma religião.

Dentro deste critério não é de admirar a surpresa que veio causar o Espiritismo proclamando, para o pensamento alheio, o máximo respeito, a máxima liberdade.

Não compreendem os nossos irmãos oponentes que nem todos têm o mesmo grau de evolução mental, que nem todos podem perceber as questões pelos mesmos prismas; que, em nossas idéias, influi uma infinidade de fatores, que as descaminham, que as perturbam. Elas, as idéias, dependem do influxo racial, de questões locais, da maior ou menor cultura do indivíduo, da influência da família, do meio, do tempo...

Tudo isso é preciso ter em conta, é preciso desculpar.

Nós não acreditamos no que queremos, mas no que podemos. E sendo tantas as religiões, e tão diversas, e não tendo ponto seguro em que se firmem, nenhuma se devia julgar com a verdade absoluta e lançar o labéu de ignorantes ou de energúmenos aos crentes de todas as outras.

Tão aperreados se encontram os nossos semelhantes em seus princípios dogmáticos, que não atinam como se possa respeitar a doutrina de outrem, e confundem esse respeito com o *seguir, acompanhar* ou *aceitar* uma "religião em que não se crê".

Tal é o clamor que surge de toda a pena, seja ela católica ou protestante: *"Seguir uma religião em que não se crê, ensina o Espiritismo!..."* Absurdo, incoerência, hipocrisia, bradam a uma.

Ora, o respeito, filho da tolerância, tem por escopo a fraternidade, fim supremo a que deviam colimar todas as fações religiosas.

De fato, além de mandar respeitar as outras doutrinas, o Espiritismo ensina que, para a libertação das dores, matéria capital para nós, ainda tão sujeitos a elas, não importa a maneira por que pensem os homens, mas o modo por que procedem. Maometano, ou budista, ou cristão, o indivíduo estará liberto das provas quando a sua alma estiver liberta do pecado.

Lição cheia de sabedoria é a que deparamos na obra de Roustaing (1): "Perante o Senhor os homens não são nem católicos, nem cristãos, nem judeus, nem muçulmanos, nem pagãos, nem heréticos, nem ortodoxos. Eles se dividem, apenas, em submissos à lei e rebelados contra ela."

---

(1) Roustaing, "Os Quatro Evangelhos", 2º, pág. 373. Trad. G. Ribeiro.

Esta é a Doutrina Espírita. Dentro de sua esfera podem ter guarida todos os religiosos; ela se dá bem com todas as religiões.

Tivessem os homens a noção desse respeito mútuo; habituassem-se a ver em seu semelhante um irmão, qualquer que fosse sua maneira de crer, pensassem que esse semelhante também podia servir a Deus, não se tomassem de desmedido ódio por tudo o que não fosse o seu credo e talvez que grandes desastres pudessem ser evitados!

Não há incoerência na tolerância espírita, porque, enquanto cada seita tem como base de salvação unicamente os seus ensinos, a fórmula do Espiritismo é universal: a base da redenção é a caridade.

Fossem tolerantes os religiosos e, dentro da caridade, que todos aceitam, operariam milagres. Com os mais diversos princípios, poderiam, entretanto, coligar-se para as obras comuns do amor humano e do amor divino.

Suponhamos que, por ocasião da calamidade de 1914, tivessem formado uma barreira única para impedir a conflagração. Essa barreira seria inexpugnável.

Que força temível não formaria a união de todos os crentes e como serviriam à Humanidade se, os do Ocidente pelo menos, fossem em nome do Evangelho, comum a todos, em nome do Cristo, a quem todos dizem obedecer, lançar por toda parte o seu protesto contra o crime nefando da guerra!

Que contratempo para os dirigentes, para os sacrificadores de vidas, seria a união dos homens de fé, proclamando eles à face da Europa e à face do mundo o lema do Mestre: *O meu mandamento é que vos ameis uns aos outros!* Como não demonstrariam eles a sua fé e a sua caridade recusando desobedecer ao preceito do decálogo que ordena — *não matarás!*

Ao invés disso, cada qual se deixou ficar no seu canto. A Igreja de Roma, não obstante seu inegável poderio, emudeceu, como emudeceram as igrejas evangélicas. As notas fracas, tíbias, platônicas, que às vezes lançavam, perdiam-se, glaciais. Em outras ocasiões, muito ao invés de se oporem à carnificina, vinham, como ainda hoje vêm, dar mão forte ao Estado guerreiro, fazendo preces pela vitória de determinado grupo, abençoando exércitos, abençoando espadas... E, assim, acamaradavam-se com os potentados, conluiavam-se com os fratricidas, incentivavam, fomentavam, auxiliavam a tremenda hecatombe!

E Belona ergueu o dorso, encheu os campos de mortos, as cidades de destroços, os Estados de dívidas, a paz de mutilados, os corações de lágrimas, o mundo de apreensões.

Contra o perigo comum, monstruoso, universal, o silêncio ou a complacência. Surge, porém, o Espiritismo, nas dobras de cujos ensinos se lêem as palavras do Cristo, que prega o amor sob todas as formas e sobre todas as coisas, que prega o altruísmo, a magnanimidade, a eqüidade, a humildade e até o sacrifício em bem do próximo — e contra ele chovem as iras.

Este é o inimigo a combater, o que, como Cristo, afirma que não vem destruir a lei, mas dar-lhe cumprimento.

Está mal! O que querem os antagonistas é que ele também, como os demais credos, entre no fogo aceso das competições, que blatere, que combata, que destrua, que não respeite, que venha formar igualmente nas fileiras da intolerância.

O' liberdade — dizia Mme. Roland, prestes a subir à guilhotina, e diante da estátua, que representava essa liberdade: — quantos crimes se cometem em teu nome!

O' Cristo, dizemos nós, pensando nos seus ensinamentos: — quanto erro se comete em nome do teu Evangelho!

*

O progresso dos animais.

Vamos tratar de um ponto de grande importância doutrinária, que é aquele que diz respeito à condição dos animais.

Estudando a matéria em "O Livro dos Espíritos", o nosso prezado irmão, rev. M..., acompanha o autor das "Tolices de Allan Kardec", o qual julga haver o Kardec afirmado o princípio da desigualdade entre os homens e os animais, quanto à sua evolução, e apóia esse juízo citando vários trechos do mestre, onde este diz: — que no homem a inteligência recebeu uma elaboração que a eleva acima daquela que anima o bruto; que a alma do animal é inferior à do homem; que nos mundos superiores os animais são sempre inferiores e sujeitos ao homem; que os animais, nos mundos superiores, não conhecem Deus.

O autor do opúsculo citado estende-se em comentários mais ou menos jocosos e afirma inferir-se dos aludidos textos que "a alma dos animais ficou chuchando no dedo, visto que a alma do homem recebeu uma elaboração a mais; que a alma do homem sobrevive, mas que a de um Fiel ou de um Sultão é logo jogada para outro corpo cachorral". "Concepção gigante" — exclama o autor. — "Isto é que é ciência, o mais é história!"

E pergunta: "Se os animais progridem, como é que não chegam a ter a inteligência do homem?" Conclui, enfim, o autor que se Deus faz diferença entre duas inteligências, dando, a uma, elaboração necessária para vir a ser inteligência de gente, e negando-a a outra, que fica sendo inteligência do cachorro (sempre pelo princípio espírita), Deus seria injusto mais uma vez.

É isso injusto, diz o escritor, e acrescenta prudentemente, *sempre pelo princípio espírita*. É fácil de compreender-se essa prudência; não é melhor a sua doutrina neste particular; não só nada nos diz ela a respeito do progresso espiritual dos animais, como ainda estabelece diferença entre a condição dos seres angélicos e seres humanos, gozando aqueles de vantagens que nós desconhecemos. Por forma que seria um tanto interessante que nos reprochassem os pastores e padres a diferença de progresso entre homens e animais, quando existe para eles diferença entre homens, animais e anjos.

Daí os nossos honrados antagonistas precatarem-se no ataque direto à injustiça do princípio que eles mantêm e virem ferir o Espiritismo de flanco.

Se católicos e protestantes dizem que cachorro será sempre cachorro, está muito bem; se são os Espíritos que o proclamam, "Deus seria injusto mais uma vez".

Cá por nós supomos que se a alma de um cachorro *nunca progredisse,* Deus teria feito, de fato, uma injustiça, segundo o princípio espírita ou segundo o que quer que fosse.

Não poderíamos compreender a razão por que a alma do animal devesse ficar "chuchando"... Por mais, porém, que leiamos os citados trechos de Allan Kardec, não vemos onde se diga que o cachorro *nunca chegará a ser homem* e fica sempre cachorro, *per omnia secula,* a "chuchar no dedo".

Se há o que reparar-se no Allan Kardec é que os Espíritos comunicantes quisessem tirar a Monsieur de la Palice o privilégio de dizer coisas que estão a entrar pelos olhos.

Não resta dúvida nenhuma de que a inteligência do homem é superior à dos animais. Quem haverá que descreia disto? Quem duvidará que o animal seja inferior ao homem? Que o animal seja sempre animal? Que haja distância entre a alma do homem e a do animal?

Pois é precisamente o que se afirma em Allan Kardec. O que se percebe ou o que percebemos dos ensinamentos expostos em "O Livro dos Espíritos" é o que os animais, *enquanto animais,* estarão sempre em condição de inferioridade, qualquer que seja a sua posição, *no espaço.* Não se encontra, porém, ou não o vemos, nas citações apresentadas, nada que leve a supor haverem declarado os Espíritos que *os animais nunca chegariam à espécie humana.*

Essa afirmativa é que lá não se acha.

É fora de dúvida que os Espíritos não quiseram ou não puderam dar a Kardec os ensinamentos por completo, neste assunto.

Eles estudam a evolução anímica já no círculo humano. Passaram em silêncio o que fica para trás. Isso, porém, não significa que nos não deixassem entrever a doutrina que ia ser exposta pelas entidades que trouxeram a Roustaing a revelação da revelação.

Perguntou A. K. se Deus havia criado seres inteligentes perpetuamente votados à inferioridade. Que responderam os Espíritos? Se o ensinamento fosse pela afirmativa, só tinham que dizer que sim.

Muito longe, porém, estiveram dessa afirmativa, e declararam "que tudo se encadeia na Natureza".

Se tudo se encadeia na Natureza, é lógico supor que não se quebra a corrente da evolução dos animais e que os seus elos se prendem à evolução humana; a quebrar-se, não haveria o *encadeamento*.

Omitida que fosse a lição do Kardec em relação a tão importante matéria, estaria no entanto já preenchida a lacuna com a obra, em muitos pontos complementar, do Sr. Roustaing.

Razão assiste àqueles que crêem dever os espíritas estudar essa obra, pelos esclarecimentos que nos vem ela trazer em vários casos.

Se julga o ilustrado pastor que a Doutrina Espírita é falha neste capítulo, tire da sua estante o 1.º vol. de J. B. Roustaing, trad. de G. Ribeiro, e aí verá a lacuna, inteiramente preenchida.

Acompanhe-nos à pág. 249 e lerá:

> "Na criação TUDO, TUDO tem uma origem comum; TUDO vem do infinitamente pequeno para o infinitamente grande, até Deus, ponto de partida e ponto de reunião."

De págs. 249 a 256 os Espíritos descrevem a evolução do ser através dos reinos da Natureza e, afinal, nos dizem:

Sempre em estado de formação... O Espírito, sem sair do reino animal, seguindo sempre, continua a progressiva marcha, passa por todas as fases de existências sucessivas e necessárias ao seu desenvolvimento e por meio das quais chega às formas e espécies intermediárias, que participam do animal e do homem. Passa depois por essas espécies intermediárias que, pouco a pouco, o aproximam cada vez mais do reino humano.

Atingindo o ponto de preparação para entrarem no reino humano, os Espíritos se preparam, de fato, em mundos **ad hoc** para a vida espiritual consciente, independente e livre.

Aí está, pois, o claro devidamente refeito.

Não se julgue que os nossos dignos irmãos vão ficar edificados com isto. "O princípio de que Deus não pode fazer diferença entre os seres inteligentes que cria, é dos mais falsos." É o que nos dizem as "Tolices de Allan Kardec", livro católico cujos conceitos o ilustre reverendo protestante perfilou. Se não, vejamos este tópico:

Ora esse princípio é o que há de mais falso. (O de que Deus não pode fazer diferença entre os seres). Porque mesmo deixando de lado as outras tolices de Allan Kardec, sempre uns são criados antes e outros depois; o que é uma diferença bem grande: uns gozam antes a felicidade dos Espíritos adiantados, enquanto outros, sem culpa alguma, têm que esperar para depois.

Ou não entendemos ou o autor acha injustiça não ensinarem os Espíritos que todos são criados ao mesmo tempo, para evitar a injustiça *de uns gozarem antes a felicidade dos Espíritos adiantados, enquanto outros têm que esperar para depois, isto sem culpa alguma.*

Pensaríamos que não há injustiça nenhuma, desde que, na Eternidade, não havendo a medida do tempo, não há antes nem depois. Uma vez, porém, que os irmãos reverendos acham que isto é injusto, devemos acatar-lhes a opinião. O interessante é, no entanto, o não terem percebido que não há doutrina nenhuma ou religião nenhuma, inclusive a deles, que fale nessa criação de um só jacto, a fim de que os seres "pudessem todos, ao mesmo tempo, gozar a felicidade dos Espíritos adiantados".

Se há injustiça, ela aí está patente aos olhos de toda a gente, não pelo que diz o Kardec, mas pela força dos fatos e pelos próprios ensinamentos protestantes e católicos.

Pois o próprio pastor não é bem uma vítima dessa *injustiça de Deus?* Aqui ainda se encontra esse nosso amigo, sofrendo todas as asperezas desta vida ingrata, enquanto outros já lá se acham no Céu, para onde foram muito antes do autor, rev. M... E como o nosso reverendo lá iria ter *depois,* segue-se que a "tolice" não é do Allan Kardec, mas deveria ser de quem fez o mundo assim, com criaturas a nascerem hoje e outras daqui a dois mil anos, havendo sempre uns que chegam primeiro ao Éden e outros que lá vão ter posteriormente, a menos que os primeiros fiquem à porta da entrada, esperando pelos retardatários.

Pode ser também que o autor queira demonstrar, com a sua frase, que há de haver sempre diferença entre os seres, uma vez que uns chegam no Céu na frente de outros. Mas como ele acha que esses outros "sem culpa alguma têm que esperar para depois", segue-se que há nisso uma grande injustiça.

Se "Deus é injusto mais uma vez", são os ilustres antagonistas que o afirmam.

* * *

AINDA QUESTÕES DE LÓGICA

Espíritos em toda parte e Espíritos que não vão a toda parte.

Ainda estamos no capítulo em que o autor declara que o Espiritismo é ilógico.

Nota-se, na grande maioria das dúvidas apresentadas, que os ensinamentos não foram compreendidos, o que se justifica, não por pouco entendimento do escritor, mas pela sofreguidão em que ele estava de demolir o edifício de uma religião, porque não era a sua.

E como a paixão partidária cega sempre o indivíduo, ainda o mais esclarecido, o ilustre reverendo não viu aquilo que está claro aos olhos de toda gente.

Vamos aos exemplos. É do capítulo citado esta passagem:

> Idem n. 87: "Os Espíritos estão em toda parte; povoam os espaços infinitos." E linhas abaixo: "mas nem todos os Espíritos podem ir a toda parte, porque há regiões interditas aos menos avançados".

E comenta o autor:

> Mas, estão os Espíritos em toda parte ou não estão? Se estão, lá estarão os menos avançados; se estes lá não podem estar, logo, nem todos os Espíritos estão em toda parte. É lógico. Mas os Espíritos do espaço conhecem outra lógica...

Lesse o bom amigo *com calma* todo o versículo e para logo veria que a lógica do espaço não se encontra tão distanciada da lógica da Terra.

Que diz o vers. 87? Que os Espíritos estão por toda parte. *"Les esprits sont partout"*, isto é, *que por toda parte há Espíritos.*

O que se declara, portanto, não é que o Espírito, *qualquer que ele seja,* possa ir a toda parte, o que, certamente, colidiria com a declaração de "que há regiões interditas aos menos avançados", mas que todas as regiões do espaço são povoadas por Espíritos. Isso é o que quer dizer: *Les esprits sont partout.*

A dúvida do digno pastor não subsistiria, se ele não saltasse as linhas que se seguem e que esclarecem perfeitamente a significação do *les esprits sont partout.* — *"Les espaces infinis en sont peuplés à l'infini. Il y en a sans cesse à vos côtés..."* Isto é...

Os espaços infinitos *deles* estão povoados ao infinito. Eles estão, incessantemente, ao vosso lado...

O que a lógica do espaço quer, pois, dizer, é que os espaços infinitos estão povoados de Espíritos, logo *os Espíritos estão em toda parte.*

E o que ela diz linhas abaixo é que há certos Espíritos que não podem ir a toda parte.

Esta lógica em nada diferiria da terrena se dissésemos que os peixes estão em todos os mares, ou estão por todas as águas, embora declarássemos que nem todos os peixes podem ir a todas as águas, que há águas interditadas a alguns peixes.

É claro que há peixes em todos os mares e lagos e rios e lagoas. Mas há peixes nas profundas regiões do Oceano que não lhe vêm à superfície; os de água doce não são os mesmos de água salgada; os que habitam as regiões tropicais não se aclimam entre os gelos dos pólos; os do alto Oceano não demoram nas praias...

Aí temos todas as partes habitadas por peixes e aí temos peixes que não podem ir a todas as partes.

Assim, pois, tal como os peixes na água, são os Espíritos no espaço; há Espíritos que não podem ir a todos os lugares, mas em todos os lugares há Espíritos.

*

Ubiqüidade dos Espíritos.

Passemos, agora, a outra dúvida. Diz-nos o autor:

> Idem, ns. 89-92, ensina-se que o Espírito tem o dom da ubiqüidade, porque: "quando o pensamento está em alguma parte, a alma aí está também, pois é a alma que pensa". Por essa tirada bonita segue-se que os Espíritos são iguais a Deus. E isto de estar a alma onde vai o pensamento é de primeira. De modo que, se penso no pólo Sul, lá estou eu, porque o meu pensamento é... é... eu!

Não. O pensamento de S. R. não é S. R. O escritor está atualmente revestido de corpo, espírito e perispírito. Pensando no pólo Sul, ele não poderá estar no pólo Sul, porquanto o seu corpo o prende ao lugar em que estiver. O de que o Espírito falou, foi da *alma*. A alma é que está onde está o pensamento, com as restrições, já se vê, que mais adiante se lêem, nos vers. citados.

*

Porque havia anjos antes do mundo.

Nova dúvida do nosso irmão é o declarar-se que os Espíritos chegaram à perfeição angélica depois de percorrerem todos os graus da escala.

E ele pergunta:

> Como passaram todos os graus da escala se esta consta das reencarnações, uma das mais necessárias sendo a da Terra?
>
> Mas esta não existia ainda e já havia anjos! Que história é essa, assim complicada?

Complicada para quem não puder compreender a pluralidade dos mundos, para quem pensar que mundo, como o nosso, só existe o nosso.

Já havia anjos muito antes do nosso mundo, não há dúvida nenhuma. Mas antes do nosso mundo havia também mundos iguais a ele e, por esses mundos, *iguais ao nosso,* é que os anjos fizeram a sua purificação.

*

Figura alegórica de Satanás.

Vamos agora a um ponto em que se complica um pouco o arrazoado do nosso distinto amigo. Ei-lo, referindo-se a "O Livro dos Espíritos":

> Idem, nota à pág. 51: "Por demônios devem, pois, entender-se os Espíritos impuros." E: "Satanás é evidentemente a personificação do mal sob a forma alegórica, pois não se pode admitir um ente mau lutando como de potência a potência com a Divindade." Note-se: ali o diabo é ser real; aqui já não passa de alegoria... E agora a lógica: a Inglaterra era uma potência a lutar com a potência Alemanha, com o fim de contrariar os planos da 2ª; logo, a Inglaterra é personificação e alegoria; é símbolo, porque não se concebe uma potência lutando contra outra potência! Um governo que luta com outro governo é... símbolo! Logo, os bolchevistas não existem. Que horror de lógica...

Parece que seres brejeiros levaram o escritor a rematar a sua exposição com a frase exclamativa: — que horror de lógica!...

Realmente, a lógica não está lá para que digamos...

O que se dá como símbolo não é lutar uma potência contra outra potência, mas lutar, de potência a potência, Satanás com a Divindade.

Não tem nenhuma razão de ser os exemplos invocados. A Inglaterrra e a Alemanha eram potência que se equivaliam; nas mesmas condições não podem estar Deus e Satanás.

A Inglaterra e a Alemanha eram ambas igualmente vencíveis; tinham ambas igualmente o seu lado fraco; uma podia enfrentar a outra.

Ao passo que Deus é onipotente, ninguém o enfrenta, ninguém pode enfrentá-lo, ninguém pode vencê-lo, ninguém jamais poderá estar em pé de igualdade com ele, ninguém poderá lutar com ele, de *potência* a *potência,* como pôde lutar a Inglaterra com a Alemanha.

Como não se pode admitir que um ente qualquer lute de *potência a potência* contra a Divindade, que conclui o escritor? — Que os bolchevistas não existem!...

Razão tínhamos em supor que só um espírito brejeiro poderia rematar a argumentação com aquela frase motejadora: — que horror de lógica...

Quanto à parte de se notar que Kardec ora diz que o diabo é ser real, ora que não passa de alegoria, não podemos verificar-lhe a exatidão, pois que o autor só menciona o número da página, sem declarar o versículo, e não nos é possível descobri-la nas inúmeras edições de "O Livro dos Espíritos".

Tomando por base, mesmo, a transcrição, não se vê, porém, onde se declara: "ali que o diabo é ser real, aqui que não passa de alegoria".

O que está no lanço apontado é que por demônios se devem entender os Espíritos impuros. Já o grego tinha a palavra *daimon,* com a significação de Espírito ou gênio.

O que é alegoria é a figura de Satanás, o gênio do mal, "lutando de potência a potência contra a Divindade", e é alegoria porque não se pode crer que haja uma personalidade capaz de lutar com o Criador, de potência a potência.

Esta personalidade é que é irreal. Pelo menos o era para os Espíritos e assim o acreditamos, porque Deus, para nós, é onipotente, como o deve ser para os nossos irmãos protestantes.

Com a diferença, porém, que, para nós o Onipotente é de fato onipotente; não pode ser vencido nunca, e para os nossos amigos o diabo está a roubar-lhe as almas, a armar-lhe ciladas, a dominar eternamente, a tratá-lo de igual para igual, soberano no seu inferno, como ele é soberano no céu, e a devorar o seu rebanho como a Alemanha não seria capaz de devorar a Inglaterra, nem a Inglaterra a Alemanha, nem os bolchevistas às duas juntas.

*

Infância do Espírito e infância do Homem.

Continuando a examinar as razões por que o ilustrado pastor acha o Espiritismo ilógico, damos com as seguintes, que o inibem de poder ser espírita. Ouçamos o reverendo:

> Idem, pág. 56, declara (o autor refere-se a "O Livro dos Espíritos") que o "Espírito está completo na criança como no adulto". Agora, pág. 78: "o Espírito como o homem tem uma infância. Na origem os Espíritos têm apenas existência intuitiva, fraca consciência de si e de seus atos; é pouco a pouco que a inteligência se desenvolve". Falam da "alma primitiva", "alma em infância relativa que está em gérmen". Ora, como combinar essas duas doutrinas? O Espírito tem ou não tem infância?

Respondemos: o Espírito tem infância.

Onde se vê no trecho citado ou onde teria dito Kardec que o *Espírito* não tem infância? Onde veria isto o reverendo?

Nunca nos cansaremos de afirmar que a paixão sectarista obscurece o poder do raciocínio. Para o estudo do que quer que seja, mormente de uma religião, é necessário serenidade e essa faltou ao nosso bom amigo.

Foi aquela falta de serenidade que o fez não perceber que Kardec trata de duas coisas distintas, no ponto em questão: da infância do homem e da infância do Espírito.

O Espírito da criança não é o Espírito infante; pode já ser muito elevado o Espírito e, por isso, se diz que "ele está completo na criança como no adulto". Não significa isto que o Espírito não tenha infância. Ele está na infância quando está no princípio de sua evolução.

Uma coisa é o espírito da criança; outra, o espírito em criança. Daí a confusão do autor.

*

Progresso e melhoria dos Espíritos.

Vejamos outro ponto interessante:

> "O Espírito progride no estado errante?" R. — "Pode melhorar muito." E pág. 235: "Os Espíritos progridem durante sua estada nesses mundos transitórios (estado errante?") R. — Certamente. Como é, progride ou só melhora. Se melhora, por que não progride? Quem melhora se aperfeiçoa. Ora, não será isto progresso?

Que dúvida!...

Mas, pelo que vemos, o autor faz grande diferença entre as acepções dos vocábulos progredir e melhorar, e daí a sua interrogação: "como é, progride ou só melhora?"

Donde o supor-se que, na sua opinião, quem progride leva muito mais vantagem a quem melhora, embora confesse "que quem melhora se aperfeiçoa".

Se folhearmos os dicionários, lemos que progredir é avançar, prosseguir, desenvolver-se, adiantar-se, aperfeiçoar-se.

Ora, quem melhora avança, prossegue, desenvolve-se, adianta-se, aperfeiçoa-se.

Quando se declara que um estudante progride, ninguém irá supor que ele tenha piorado nos estudos; quando se afirma que tais forças em operações progridem, ninguém acreditará que elas não tenham melhorado em sua situação; quando se nota que um artista progride, logo se vê que ele se aperfeiçoa e, portanto, melhora.

O industrial que progride, o negociante que progride, o facultativo que progride são aqueles que melhoram na sua indústria, no seu negócio, na sua faculdade.

Logo, o Espírito que melhora, certamente que progride, e o Espírito que progride, sem dúvida nenhuma que melhora.

Mas onde estará a dúvida?!...

*

Os mundos e suas belezas.

Tratando dos mundos transitórios, diz Kardec, n. 236, que eles são de superfície estéril; que a Natureza aí se traduz pelas belezas da imensidade, e o Reverendo acrescenta, *isto é, não tem belezas naturais.*

Principiamos logo por contestar a conclusão: — *isto é, não tem belezas naturais.*

Por que hão de ser artificiais as belezas da imensidade? O fato de ser estéril uma superfície não significa que ela não tenha beleza, e belezas naturais, que outras não podiam existir.

As regiões polares são absolutamente estéreis, mas as auroras boreais, a alvura das extensões, a limpidez dos horizontes, os reflexos do gelo, os tons, algumas vezes, amarelados do céu, outros, extremamente azuis; os raios oblíquos do Sol, a aparição de estrelas ao meio-dia ou de Febo à meia-noite dão indescritível encanto a essas paragens. Por que não seriam assim ou mais belas, ainda, as paisagens dos mundos transitórios?...

Mesmo porque a beleza não está neles, está na imensidade.

Mas vá lá o acréscimo; o com que não podemos concordar por indesculpável, é o da 2.ª parte. Há ali um aditivo da exclusiva responsabilidade do reverendo, como vamos ver.

Continuando a estudar o ponto, diz o escritor, citando: "Todavia, n. 252: As belezas naturais dos mundos (transitórios) são muito diferentes."

E comenta: "Verdadeira confusão aqui: são mundos de superfície estéril, não têm belezas naturais, mas têm belezas naturais. Ah! Espíritos sábios, como sois confusos!..."

Temos, pois, segundo esse pequeno *arranjo,* os Espíritos dizendo que os mundos *transitórios* (n. 236) são de superfície estéril e a Natureza aí se traduz pelas belezas da imensidade, e, no n. 252, que as belezas naturais dos mundos *transitórios* são diferentes; espécie de contradição que levou o autor do livrinho que comentamos a achar confusos os Espíritos sábios.

Perdoe-nos o escritor, mas a confusão não é dos Espíritos sábios, senão da colaboração de S. S.ª no lanço apontado, mercê da palavra *transitórios,* que não se encontra no 2.º período citado, nem pode ser subentendida, e daquela ilação, a de que as belezas da imensidade não são belezas naturais.

No 2.º período, o a que os Espíritos se referem é às belezas naturais dos mundos (mundos, sem mais nada). Aquele "transitórios", encaixado na frase, entre parênteses, é puro acréscimo do ilustre pastor.

Nada faz supor que os Espíritos falassem, no n. 252, isto é, no 2.º período citado, de mundos transitórios. Tratando-se da sensibilidade dos Espíritos para diversas coisas, pergunta-se: — Os Espíritos são sensíveis às belezas da Natureza? R. — As belezas naturais dos globos são tão diferentes, que estamos longe de conhecê-las.

Por que esses globos hão de ser *os mundos transitórios?*

A matéria da 1.ª parte é atinente ao capítulo *Mundos transitórios*; a da 2.ª, ao do capítulo *Percepções, sensações e sofrimentos dos Espíritos*. Como se vê, assuntos inteiramente diversos. Para o autor, porém, uma vez que se falou em mundos transitórios, e que se disse — como ele supõe — que tais mundos não têm belezas naturais, todos os demais mundos referidos nas obras de Kardec, sejam ou não estâncias de Espíritos, terão que filiar-se, fatalmente, entre os transitórios e, *ipso facto*, terão que ser desprovidos de belezas naturais!...

E aí tem como se forjam as contradições. Kardec disse algures que os mundos transitórios, de superfície estéril, possuem as belezas da imensidade. Mais adiante fala em outros mundos, nos mundos que se espalham pelo infinito; aí botou o Reverendo a palavra "transitórios", esculpida a martelo, e eis o Espiritismo ilógico a dizer que há mundos transitórios sem belezas naturais e mundos transitórios, *entre parênteses,* com belezas naturais.

. . . .

Felizmente os Espíritos sábios não zombam de nossos enganos e fragilidades, senão estariam agora a rir-se, com verem o Reverendo dizer-lhes ironicamente: — como sois confusos!...

*

Como vêem os Espíritos.

Outro ponto. Cita o Reverendo:

Idem n. 245: "A vista nos Espíritos é circunscrita como nos seres corporais? R. — Não; a vista reside neles." E no n. 247: Pode-se dizer que o Espírito vê em toda parte ao mesmo tempo." Agora, linhas abaixo: "Quanto menos puro for o Espírito, mais a sua vista será limitada." Mas que história é essa? Ora dizem que a vista reside nos Espíritos e também reside nos menos puros; logo não é limitada nem circunscrita; ora dizem que é. Como entender isto?

É fácil de entender, com um pouco de reflexão.

O autor mesclou coisas que não se relacionam. O residir ou não residir a vista nos Espíritos nada tem que ver com sua limitação. O que se queria saber naquela 1.ª pergunta é se o Espírito tinha olhos como tem o corpo, e, portanto, como este, se tinha a vista circunscrita a determinado órgão, a determinado local. Mas a vista, nos Espíritos, não é circunscrita, como nos seres corpóreos, porque os Espíritos não vêem pelos olhos. Tal foi a resposta: a circunscrição depende, pois, unicamente, da matéria. Nada tem com o adiantamento do ser. Não tendo olhos, o Espírito vê por si mesmo e por isso se diz que a vista reside neles, qualquer que seja o grau de sua perfeição.

Eliminemos, portanto, o caso da circunscrição, que é toda de *lugar,* e vamos à questão da maior ou menor acuidade visual, segundo a perfeição do Espírito.

O que Kardec ensina, em referência ao ponto, é "que se pode dizer que o Espírito vê por toda parte, *mas* essa faculdade depende de sua pureza; quanto menos puro", etc...

Que faz o autor, no trecho? Elide a adversativa, retira aquele *mas,* e nos apresenta duas frases como que antagônicas.

Pelo arrazoado de S. Rev.ª não pode haver mais restrições a afirmativa de espécie alguma.

Ora, digo eu: Os ursos habitam os países frios, as regiões glaciais, *mas* são encontrados na Europa meridional, nas regiões dos Pireneus. Verdade é essa incontestável, ensinada pela geografia e pela zoologia.

Alguém, porém, que lesse pela cartilha do reverendo, logo nos embargaria o passo, exclamando: — que história é essa? Ora dizem que os ursos habitam os países frios, ora que andam pelos Pireneus!

Imagine-se, também, que se afirme que, no Brasil, podem as pessoas locomover-se livremente, *mas* que aos condenados não é permitido sair do âmbito de seus presídios. Quem veria nisso falta de lógica? Quem sairia a indagar que *história era aquela?...*

Para terminar, esta ligeira transcrição do livrinho do Reverendo, que, por sua vez, a transcreve de "O Livro dos Espíritos":

"N. 278. — Os Espíritos das diferentes ordens se confundem uns com os outros? R. — Sim e não" Entenderam? Tenho aqui 50 laranjas e 50 bolas de bilhar. Confundem-se? Não. Agora 2ª vez: Confundem-se? Sim. Belíssimo, não?

Belíssimo, com todos os grifos, no caso das bolas de bilhar com as laranjas, porque não parecem muito confundíveis laranjas com bolas de bilhar.

No entanto, posso inquirir: — São boas estas laranjas? E alguém me responder: sim e não. Sim: — há algumas boas; não: — há algumas que o não são.

O mesmo é com os Espíritos. Há Espíritos que se confundem e Espíritos que se não confundem. Sim e não.

E damos por findo, com estes reparos, o capítulo do rev. M..., onde se diz que o *Espiritismo é ilógico.* Ainda ficou muita coisa que merecia respigada. Mas já se vai alongando esta réplica e há, em livros outros, matéria curiosa, que não desejávamos pôr de lado.

* * *

O CAPÍTULO DA FRAUDE

Terminemos, aqui, as considerações sobre o opúsculo do rev. M..., tratando de um assunto que é uma espécie de baluarte para os antiespíritas, e que são

As fraudes do Espiritismo.

O nosso muito digno irmão M... tem um capítulo inteiro do seu opúsculo, cujo fim é demonstrar que "*o Espiritismo é de todo inútil*".

E dá as provas: Porque

> O Espiritismo prático consta de 3 partes, todas hoje averiguadas e tidas como incontestes pelos maiores pesquisadores desse credo; a) de fraudes; b) de fenômenos psíquicos; c) de fenômenos supranormais.

Digamos de passagem que há, nessa classificação, uma distinção que não nos parece nova — a de fenômenos psíquicos e supranormais.

Mas vamos adiante.

Estende-se o autor, ao tratar da velha e cansada questão da fraude, e, com o fito de deixá-la patente aos olhos de todo o mundo, dá-nos este trecho:

> A fraude no Espiritismo é hoje um capítulo irrecusável. Tenho amigos, hoje crentes evangélicos, que foram espíritas e que confessam ter fraudado muitas almas ingênuas, a título de lhes bem-fazerem e de manterem o prestígio da seita.

Boa gente, não há dúvida, foi cair no seio do Protestantismo! Pois permita o caro irmão que lhe não demos os parabéns pelo pessoal que arrebanhou para a sua doutrina. Não podiam, certamente, os que fraudavam as almas ingênuas, continuar a seguir as doutrinas de Kardec, onde se proíbem, de modo absoluto, categórico, insofismável, todas as fraudes. Não poderiam, de certo, manter-se fiéis ao credo dos Espíritos, os que não tinham por escopo, e acima de tudo, A VERDADE.

É fora de dúvida que os fraudadores não poderiam permanecer no lugar que o pai lhes confiou. São eles que desmoralizam a seara em que foram chamados a servir. São eles as pedras do caminho, os socalcos da estrada, os pegos, os almargeais, os espinheiros, os obstáculos que o viandante do progresso topa por diante e que lhe retardam a marcha, mas que lhe fazem fulgir o mérito, neste mundo de provas, onde as dificuldades e as dores são as companheiras inseparáveis do homem.

Pois que o bom amigo conserve *o seu povo,* mas lhe faça ver que só no terreno da probidade pode a criatura ser agradável ao seu Criador.

Isto posto, vejamos o tópico do Reverendo.

Médiuns respeitados foram apanhados em trapaças. É o depoimento insuspeito de sábios como o Dr. Lapponi, o Dr. Grasset, Richet, Roure, Flournoy, Dr. Maskeline e inúmeros outros.

É o ilustrado Reverendo quem lhes chama sábios. Ora, vejamos o que alguns destes sábios, citados pelo próprio Reverendo, dizem a respeito dos fatos do Espiritismo:

Ouçamos em 1.º lugar o Dr. José Lapponi.

Depois de referir-se aos que, "na Itália e fora dela atestam a existência real dos maravilhosos fenômenos espiríticos", e afirmar que são esses experimentadores "pessoas superiores a toda a exceção, incluídas entre elas jornalistas, romancistas, literatos, professores, matemáticos, astrônomos, geólogos, físicos, químicos, antropologistas, naturalistas, médicos, filósofos, teólogos, magistrados, políticos, diplomatas, sociólogos" (1), depois de se estender em várias citações das notabilidades que têm estudado o Espiritismo, declara:

O peso de tantos e tão sérios testemunhos acresce com a circunstância de serem a maior parte daqueles que os prestaram, sábios de primeira ordem, acostumados a considerar os fatos debaixo dos pontos de vista mais variados, a analisar as suas relações, a considerar as particularidades e as circunstâncias, as causas e os efeitos. De espírito calmo, de inteligência penetrante, estão eles habituados a meditar longamente os objetos dos seus estudos, a ponderar os juízos, a avaliar as palavras, não dispostos, certamente, a passar por imbecis ou a se deixarem enganar, grosseiramente e por muito tempo, pelo primeiro palrador que se lhes apresente. (2)

Depois destas judiciosas considerações, cita em seguida:

O célebre naturalista Alexandre Humboldt, convidado a se pronunciar, em presença do rei Frederico Guilherme IV, sobre certos fenômenos espiríticos, emitiu as seguintes memoráveis palavras: **Os fenômenos não se podem negar;** compete agora à Ciência explicá-los. (3)

---

(1) Dr. G. Lapponi. — "Ipnotismo e Spiritismo". Roma, 1906. Págs. 129.

(2) Idem, pág. 130.

(3) Idem, pág. 131.

Continua o Prof. Lapponi a tratar dos fatos, incontestavelmente autênticos do Espiritismo, e refere-se às conclusões de William Crookes, quando se dirige aos negadores, e que trasladamos para aqui, porque Lapponi as faz inteiramente suas. É, pois, como se fora ele quem as ditasse:

Em vez de duvidar ou de crer no acaso, o que é a mesma coisa, e de imaginar que fomos capazes de desperdiçar o tempo a estudar passe-passes de charlatães (como se fosse possível tais puerilidades), dai-vos ao trabalho de examinar primeiro os fatos, como nós, um tempo incrédulo, o fizemos. Mostrai-nos com crítica severa, em que ponto erramos no decurso de nossas experiências. Particularizai e sugeri, se souberdes, meios de exame mais demonstrativos. Inventai complexos de dificuldades mais insuperáveis e mais sutilmente combinados do que aquelas de que rodeamos os nossos médiuns, sem que eles jamais o soubessem. Mas não venhais assim inconsideradamente tratar os nossos sentidos corporais de mentirosos ou facilmente enganados; não acuseis a nossa razão de demência com o pretexto de que os fatos contrariam os vossos juízos antecipados, semelhantes aos que nós também alimentamos no passado...

Sustentamos que toda máscara de presunção ou de bondade desdenhosa cai do rosto à vista de certos fenômenos efetuados por médiuns reais e verdadeiros, nos nossos laboratórios; que os mais atrevidos motejadores se tornam semelhantes àqueles astuciosos componentes que, nas feiras, piscam os olhos para os companheiros, zombando de um aparelho de Rhumkorff e, depois, mudam de repente de cor, apenas têm tocado os fios da máquina. Finalmente, duvidar, levianamente, dos testemunhos de homens, a quem foi confiada a tarefa de examinar um fato e dar a sua razão, equivale a desprezar todo o testemunho humano, tenha ele a importância que tiver. (1)

Paremos por aqui as citações de Crookes para salientar o acordo perfeito do Prof. Lapponi com as palavras do mestre; assim fecha Lapponi aqueles dizeres com esta afirmativa:

Subscrevemos sem restrições estas sapientíssimas palavras. E se aos olhos de alguém tivermos de passar por ingênuo, preferimos, até à demonstração contrária, ser ingênuo com Wynne, com Huggins, com Russel Wallace, com Tindall, com Humphry

---

(1) Idem, pág. 135.

Davy, com Richardson, com Humboldt e com Crookes, não falando em muitos outros eminentíssimos sábios, a ser inteligente e entendido com quem presume julgar sem nenhum exame prévio. (1)

Eis como este sábio — é o Reverendo que assim lhe chama — corrobora o capítulo da fraude!

Vejamos outro e abramos ao acaso um livro do Prof. Richet (2):

Lemos e relemos, estudamos e analisamos as obras que foram escritas sobre este assunto, e supomos enormemente inverossímil e mesmo impossível que homens ilustres e probos como Sir W. Crookes, Sir Oliver Lodge, Reichenbach, Russel Wallace, Lombroso, William James, Schiaparelli, Fr. Myers, Zöllner, A. de Rochas, Ochorowicz, Morselli, Sir William Barrett, Ed. Gurney, C. Flammarion e tantos outros se tenham deixado todos, centenas de vezes diferentes, apesar de sua vigilante atenção, enganar por fraudadores e que fossem vítimas de uma espantosa credulidade.

Não poderiam ter eles sido, **todos e sempre,** bastante cegos para não perceberem os embustes, que deviam ser grosseiros; bastante imprudentes para concluir, quando nenhuma conclusão era legítima; bastante inábeis para não terem podido fazer, nunca, uma única experiência irreprochável.

A priori, suas experiências merecem meditadas seriamente e não rejeitadas com desprezo.

E mais adiante (3):

...Foi mais tarde que li e meditei os trabalhos dos experimentadores, antigos e contemporâneos, que se entregaram a esses estudos. Fiquei, então, verdadeiramente estupefacto diante da quantidade e do rigor das provas. De sorte que, por minhas próprias experiências e pelas experiências dos outros, acabei por adquirir **a convicção profunda** de que a Metapsíquica é uma ciência verdadeira e que é preciso tratá-la como são tratadas todas as ciências: metodicamente, laboriosamente, piedosamente.

Pois bem, sim! Esses fenômenos estranhos são reais. 1º — Há uma faculdade de conhecimentos além das faculdades habituais. 2º — Há movimento de objetos além dos movimentos habituais.

---

(1) Idem, pág. 136.
(2) "Traité de Métapsychique", 2ª ed., pág. 6.
(3) "Trait. Mét.", pág. 11.

Aí temos outro sábio não apoiando o capítulo irrecusável da fraude.

Não nos afastemos dos sábios citados pelo Reverendo e abramos um dos mais interessantes livros sobre fenômenos psíquicos que já temos folheado em autor não espírita, a ver o que ele diz do "irrecusável capítulo da fraude".

É a obra "Des Indes à la Planète Mars", do Prof. Flournoy, da Univ. de Genebra.

Todo o seu livro é um estudo meticuloso e interessante, onde não pode haver a mínima dúvida sobre a autenticidade dos fatos por ele verificados.

Discorrendo sobre sua estranheza, Flournoy cita La Bruyère e Laplace; aquele afirmava que há fenômenos embaraçosos e que seria igualmente inconveniente aceitá-los todos, como negá-los todos; este dizia que estamos tão longe de conhecer todos os agentes da natureza e seus modos de ação que não seria filosófico negar todos os fenômenos unicamente porque não são explicáveis no estado atual de nossos conhecimentos.

Reporta-se ainda a Hamlet quando declarava a Horácio: Há mais coisas no céu e na Terra, Horácio, do que sonha a nossa filosofia. (1)

E referindo-se aos seus semelhantes pondera o ilustre psicólogo (2):

É que os homens, mesmo os mais positivos, não são nunca puras máquinas de raciocínio... dir-se-ia que orçam pelo vulgar; um acondicionado (**un paquet**) de afeições e preferências, para não dizer de preconceitos. Por detrás do seu laboratório oficial, cultivam secretamente um jardinzinho privado, cheio de um amontoado de tolas vegetações metafísicas; acariciam **in pecto** certas vistas sobre as coisas, o mundo, a vida — uma **Weltanschauung**, que a Ciência não poderia justificar. E então, o que quadra com suas idéias anteriores, adquiridas ou herdadas, o que faria

(1) Flournoy, "Des Indes à la Planète Mars", 343-5.
(2) Idem, pág. 347.

bem às suas reservadas opiniões, eles o acolhem facilmente e acham tudo muito possível, embora não demonstrado; enquanto o que não encontra neles lugar já preparado, é recebido de pé atrás e esbarra diante de uma oposição tenaz, onde se vêem grandes ares de bom senso ofendido.

Em suma, Flournoy escreveu uma alentada obra de quase 500 páginas e nelas estuda a mediunidade de Helene Smith. Seria crível que esse autor perdesse tanto tempo com fenômenos fraudulentos?

Aí temos 3 dos pilares que o nosso amigo foi buscar para sustentar a sua tese.

Aí temos o testemunho das próprias pessoas que nos foram apresentadas pelo pastor.

O que eles talvez tivessem dito, e o que toda gente diz, e o que ninguém nega, é que haja no Espiritismo fraudadores, a exemplo daqueles que foram engrossar as fileiras dos respeitáveis correligionários do nosso irmão.

Mas em que a existência desses fraudadores pode eliminar a dos que não fraudam? Por que uma fraude pode destruir um fato autêntico?

Quem poderá, em algum tempo, concluir pela irrealidade das noites de lua no fato de existirem noites escuras?

Onde, em que época, em que esfera de ação, em que lugar deixou de haver velhacarias e velhacos, neste mundo de enganadores?

Quem se recusaria a aceitar os benefícios da medicina pela intromissão constante de charlatães? Quem negaria a utilidade dos tribunais em virtude da ação da rabulice? Quem deixaria de ver os prodígios da engenharia pelos erros dos empreiteiros? Quem descreria do valor da política pela manhas da politicagem? Quem desconviria das belezas da música pelo ruído das matracas?

Porventura, um quadro ou uma estátua ou um verso podem ser desapreçados porque pululam os borrões, as mutilações, os aleijões?...

Se o feio não é motivo para que se não admire o belo, se as ações do mal não apagam as do bem, se a verdade se não deixa empanar pela mentira, assim como a ignorância não sufoca o saber — "o irrecusável capítulo da fraude" é de nenhum valor na demonstração a que quer chegar o rev. M...

Mas é ele mesmo quem aceita ou julga possível mais alguma coisa além da fraude, quando fala: *b)* nos fenômenos psíquicos; *c)* nos supranormais.

Se há fenômenos supranormais e psíquicos, que tem que exista "o capítulo irrecusável da fraude"? Pois não vê o Reverendo que o *que é de todo inútil* é esse capítulo, e não o Espiritismo?

Essa fraude é uma tábua de salvação a que se apegam os negadores, opositores e adversários do Espiritismo, sem perceberem, cegos pelo espírito de seita, que os outros itens, tidos por verdadeiros até pelo pastor, são suficientes para fazê-la soçobrar.

O Espiritismo, dizia Emmanuel Darcy, não é uma superstição, tal como a rotação da Terra não era uma utopia. Nem se trata de crer ou não crer, mas de verificar de modo positivo, se tal ou qual fenômeno é ou não imaginário.

Que não são imaginários — postas as fraudes de lado —, é o que se tem verificado.

TOLICES QUE SE JUSTIFICAM

Já analisamos muitos dos ensinamentos de Allan Kardec, isto é, dos ensinamentos dados pelos Espíritos a Allan Kardec, e que sofreram a crítica dos nossos antagonistas.

Os pontos já ventilados, e que constituem a parte geral, foram os que haviam merecido os reparos de quase todos os que têm atacado a Doutrina Espírita; ainda hoje, a cada passo, vemo-los aparecer de novo, mais ou menos acompanhados das mesmas censuras e das mesmas ironias. Até parece que há uma fonte comum onde se vão dessedentar os acérrimos inimigos do Espiritismo.

Neste capítulo, porém, trataremos, em especial, de algumas objeções apresentadas no livro intitulado "Tolices de Allan Kardec", da autoria de respeitável padre, o qual, apesar do forte humorismo com que bordou os seus comentários, merece acatado não só pelas suas luzes, como também pelo alto prestígio de que goza no seio da Igreja Romana.

Escolhemos de preferência os autores de nomeada, e, provado que eles estão em erro, fácil será perceber-se a fraqueza dos argumentadores de menor pulso.

A maioria dos versículos de "O Livro dos Espíritos", criticados no livro acima nomeado, foram já devidamente esclarecidos; como dissemos, eram eles o *leitmotiv* dos opositores. Vamos, pois, ao que ficou por ventilar.

*

Do homem a Deus.

No capítulo "Uma lacuna preenchida", há o seguinte trecho:

> O nosso Kardec termina a sua Introdução com um achado estupendo... Mas o bonito é que Kardec também quis mostrar-se astrônomo de uma nova espécie e também quis descobrir qualquer coisa de intermediário e nos sai com esta:
>
> **"Mas entre o homem e Deus que imensa lacuna se depara! Qual a filosofia que haja preenchido essa lacuna? O Espiritismo no-lo mostra, povoada pelos seres das diversas ordens do mundo invisível e estes seres não são outros senão os espíritos dos homens chegados aos diferentes graus da escala que conduz à perfeição: então tudo se liga, tudo se encadeia, desde o alfa até o ômega."**
>
> Bumba! Esta é também das de cabo de esquadra! Então os espíritos dos homens enchem a lacuna entre os humanos e Deus!... Mas meu Kardec, venha cá, você acha que o homem, por mais que se enfeite, por mais que se engrandeça, por mais que se aperfeiçoe, possa comparar-se com Deus?

Não. Não, é a resposta. Nem o Kardec disse isto, nem lho disseram os Espíritos, nem nenhum espírita sensato acredita em tal.

O que no ensino espírita se queria dizer é que é imensa a escala que vai do homem a Deus; entretanto, o ser progride a ponto de aproximar-se o mais possível do Criador, e, por essa forma, vai preenchendo a lacuna.

Enquanto nós vemos os homens infinitamente distanciados do Pai, pelos seus erros, a doutrina nos fala dos *seres das diversas ordens do mundo invisível*, que, pelas suas virtudes e pelo seu saber, a mais e mais se vão chegando ao Reino de Deus. Deus, porém, continua sempre inatingível, porque Ele é o absoluto em saber e poder.

Assuntemos num exemplo material, para maior esclarecimento, e tomemos uma fração periódica. Seja 0,999...

Poderemos aumentar a parte depois da vírgula, até o infinito; ela se aproximará sempre da unidade sem nunca atingi-la. Deus será, assim, o limite matemático para o qual se dirigem os seres, e, vadeando o espaço, do homem terreno, pecaminoso, inculto, até às sublimes altitudes em que se acha o Pai — o Espírito, subindo sempre, vai preenchendo a lacuna...

Ouvíamos, também, há tempos, fluente orador protestante cair a fundo na pretensão dos espíritas, de quererem chegar a Deus. Denominava ele a isso orgulho, blasfêmia, ridículo!

Falava, entretanto, o digno Ministro, com o Evangelho na destra, esse mesmo Evangelho que dizia: *sede perfeitos como vosso Pai celestial é perfeito.*

E aos que procuram, não a perfeição do Pai celestial, mas a maior perfeição possível, por dele se aproximarem, chamam-lhes ridículos, blasfemos e orgulhosos!

Chegaremos à perfeição do Onipotente? Não. Pelo menos em sabedoria e poder. Mas, procurando ser perfeitos, como o Pai celestial é perfeito, iremos gradativamente subindo, preenchendo a grande lacuna que vai dos umbrais da inferioridade humana ao sólio da grandeza divina e chegaremos à perfeição moral! É isto o que ensina Kardec.

*

Os Espíritos não sabem tudo.

Outro ponto das "Tolices":

E lembre-se Kardec do que escreveu: **"Os Espíritos verdadeiramente sábios, se não crêem estar bastante ilustrados sobre uma questão, não a resolvem de maneira absoluta; declaram que só a tratam do seu ponto de vista e aconselham eles mesmos que se espere a confirmação."**

Vamos, mestre, confesse que esteve cochilando quando escreveu aquilo ou então que o seu espírito de Sto. Agostinho, naquela hora, tinha mais que pensar do que vir dar-lhe uma resposta. Mas... agora que me lembra — não prometeram aqueles grandes Espíritos rever juntos o trabalho todo? Ali está à pág. LXII:

"Antes, porém, de dá-lo à publicidade, revê-lo-emos juntos, a fim de verificarmos todos os pormenores."

Que diacho! Então eles viram e reviram e a asneira lhes escapou por entre os dedos?

Que asneira? Onde está a asneira que escapou?... Quem diz que as asneiras escaparam? Como sabe o autor que não ficaram esclarecidos os diversos pontos?

O que os Espíritos prometeram rever juntos foi o ensino dado a Allan Kardec e não tudo o que tem sido trazido ao mundo, nas milhares de mensagens do Além. Estas podem traduzir os pontos de vista de cada um, sem que o Kardec tenha nada que ver com isso.

Pode ser, também, que, na Doutrina dos Espíritos, haja esses pontos de vista particulares, em que não se tocou, ou por não ser oportuna a revisão, ou por não estarem todos devidamente esclarecidos sobre o assunto. Assim, só teriam retificado o de que não tivessem dúvidas.

Já se vê que tudo pode estar certo, sem que Santo Agostinho tivesse mais no que pensar.

*

Seres prepostos ao mal.

Mais uma *tolice:*

Vejam à pág. 49, n. 181 (aliás 131), onde ele pergunta, referindo-se aos demônios:

"Deus seria justo e bom se criasse seres infelizes, eternamente votados ao mal?"

E pouco adiante no texto miúdo:

"Deus não podia criar seres prepostos ao mal por sua natureza."

Mas meu ótimo Kardec, onde é que V. desenterrou esse achado tão peregrino? Quem é que diz que Deus criou os demônios prepostos ao mal por sua natureza? Terá o topete de afirmar que nós, os católicos, dizemos semelhante asneira?... Deus não criou os demônios prepostos ao mal por sua natureza. Deus os criou bons, anjos, inocentes, inteligentes, para que eles compreendessem os seus deveres. Eles por orgulho revoltaram-se contra Deus...

E onde estava esse orgulho e essa revolta? De onde saíram? De como se formaram *num ser que saiu puro e inteligente das mãos do Criador?*

Se tais seres foram criados inteligentes, deveriam ter percebido que as faltas lhes acarretariam o sofrimento na Eternidade.

Teremos, pois, o Deus de amor criando seres que ele sabe se perderão; e estes, apesar de anjos bons, perdendo-se por orgulho e revolta. E diz-se, do mesmo passo, que Deus é presciente e infinitamente misericordioso e que o demônio era inteligente!

Aliás, na parte que trata dos demônios, a pergunta feita aos Espíritos é essa:

131. — Há demônios no sentido que se dá a essa palavra?
— Se houvesse demônios seriam obra de Deus. Mas, porventura, Deus seria justo e bom se houvera criado seres destinados eternamente ao mal e a permanecerem desgraçados?

No caso em questão, a resposta dos Espíritos foi que Deus não poderia criar seres destinados perpetuamente ao mal e à desgraça.

Se Ele, na sua presciência, sabia que os tais anjos iriam tornar-se demônios, e os fabricou não obstante, criou, *ipso facto*, seres destinados ao mal, e o que é pior, ao mal perpétuo.

Se deixarmos solta uma criança, sabendo que ela mais adiante vai tropeçar, cair e morrer, não nos podemos defender com a justificativa de que, no momento em que a deixamos, nada havia que lhe embaraçasse os passos.

Como, porém, não nos é possível provar nada a respeito de demônios, vamos deixar intacta a doutrina do ilustrado e conceituado padre, embora tenhamos a certeza de que ele não nos poderá explicar por que reviravolta da Natureza seres criados bons e inteligentes, seres criados perfeitos, encheram-se de orgulho e rancor; nem por que o Pai de eterna bondade não os emendou mais e até, como nos diz a Bíblia, lhes endureceu os corações.

Nem busquemos provas; que é o que nunca nos forneceu a Igreja. Nós é que temos de demonstrar tudo e, apesar de todas as demonstrações, da evidência dos fatos, ainda se riem os opositores e embargam os nossos ensinos com os seus dogmas, que não sabemos, estes sim, em que se escudam.

E pois que se trata de provar, confessamos que não nos é possível contender neste terreno... de demônios. Nunca vimos os ditos anjos nem temos notícias certas do caso. Não sabemos como eles foram criados nem mesmo se o foram; se se encheram de orgulho ou do que quer que seja...

Ficaremos, pois, a esgrimir no ar; a apelar, apenas, para o bom senso, moeda muito desvalorizada nas controvérsias religiosas, onde nada se poderá ou deverá opor à contextura de um texto ou à decisão de um concílio.

Deixemos, pois, os demônios e vamos a outro ponto que com eles tem certa analogia e nos oferece base mais firme ao raciocínio.

Se não conhecemos os anjos, conhecemos os homens, nossos semelhantes; acompanhando-os desde o berço, podemos estudar-lhes os caracteres; ora, nós os vemos maus, egoístas, orgulhosos, viciados, com todos os defeitos, enfim, e todas as culpas de que se tornaram passíveis os demônios.

Não se poderá afirmar, aqui, que Deus os criou inocentes, inteligentes e bons, se, do mesmo passo, se afirma que eles não tiveram preexistência, que surgiram para a vida, pela primeira vez, do ventre materno.

O que sabemos e vemos é que os homens já nascem cheios de maus sentimentos e de maus instintos: manhosos, birrentos, gritadores na tenra infância; depois, ao ensaiar as primeiras passadas, manifestam a sua maldade, o seu mau gênio, quebrando os objetos, lançando-os fora com rancor, ameaçando e batendo. Ainda na puerícia, e já maltratam os companheiros, ferem os animais, depredam os ninhos, dão caça aos pássaros, apedrejam, injuriam, agridem... E assim continuam pela vida em fora, notando-se-lhes o egoísmo e a fereza a cada passo, cobrindo-se eles de pecados, enchendo-se de vícios, atascando-se nos delitos de toda a ordem.

Se a Igreja Católica nos diz que Deus criou estes seres inteligentes e bons, ensina uma inverdade palpável.

Como estas criaturas, na cartilha do ilustrado Reverendo, têm por princípio de vida o berço e deverão ter como fim o Inferno, fica sem resposta plausível a pergunta que se lê em Kardec: "Deus seria justo e bom se criasse seres votados eternamente ao mal e à desgraça?"

O mesmo autor compara os "Espíritos inferiores" do Espiritismo, como lhes chama, com os "demônios", para provar que as doutrinas católica e espírita concordam neste ponto e que não há razão de ser nos reparos do Kardec. "Esses Espíritos inferiores se comprazem em conduzir-nos ao mal, é seu desejo impedir que os bons alcancem o bem supremo; fazem o mal por gosto e por inveja..."

E o citado autor conclui, depois de mostrar a atividade dos Espíritos maus:

> Não é justamente o que nós ensinamos acerca dos demônios? São os nossos demônios escritos e escarrados. Logo, pelas próprias palavras do nosso corifeu, a idéia que formamos do demônio não é tão absurda como ele quereria dizer, não acham?

Infelizmente, não achamos. Que os *demônios* da Igreja não sejam outros que os Espíritos inferiores, não temos dúvida. "É apenas questão de nome", diz o ilustrado sacerdote, com muito acerto. Mas a questão capital, o que se discute, o que se contesta, o que se não pode admitir é *que eles sejam eternamente votados ao mal.* O que é absurdo é essa idéia de eternidade no erro. Esse ponto doutrinário é que é o único motivo da controvérsia e é o bastante pela sua importância. No mais, perfeitamente: simples questão de nomes.

*

Livre-arbítrio e atraso do ser.

Sobre este ponto diz "O Livro dos Espíritos", conforme cita o autor das "Tolices de Allan Kardec":

Dando ao Espírito a liberdade da escolha, deixa-lhe toda a responsabilidade dos seus atos e conseqüências (n. 258).

E no 171: "Não te diz a razão que seria injusto privar para sempre da felicidade eterna todos aqueles de quem não dependeu o melhorarem-se?

Comentários de Allan Kardec:

Não obraria Deus com eqüidade nem de acordo com a sua bondade, se condenasse para sempre os que talvez hajam encontrado, oriundos do próprio meio onde foram colocados e alheios à vontade que os animava, obstáculos ao seu melhoramento.

E agora os comentários do escritor:

Mas quem é que responsabilizou nunca o homem por obstáculos independentes de sua vontade?

A quem você ouviu dizer que Deus priva da felicidade eterna aqueles de quem não dependeu tornarem-se melhores? São coisas que têm todos os visos de serem inventadas por você. Nós, os católicos, pelo menos, não dizemos semelhantes disparates. Ou você já ouviu alguém sair-se com esta?

Antes do mais, expliquemos que o ensino dos Espíritos não visa combater as religiões, senão esclarecer determinados assuntos que as diversas religiões não interpretam bem.

Assim, não se trata de indagar se os católicos disseram ou não os tais disparates, mas de saber se é possível que sejam condenados, e condenados eternamente, indivíduos que, por circunstâncias especiais de nascimento, de meio, de educação, de inteligência, não puderam fazer o bem ou só fizeram o mal.

Kardec figurou o caso do hotentote que, mesmo transplantado para uma academia, dele nunca se poderia fazer um Laplace ou um Newton.

A isso responde o escritor, que essa incapacidade não é absoluta. Pena é que não nos trouxesse um exemplo.

Kardec interroga, ainda, por que Deus — isso na hipótese de uma vida única — teria negado ao hotentote os privilégios que concedeu à raça caucásica?

Replica o escritor:

> O motivo, meu caro Kardec, é justamente que a Ciência, a muita inteligência não importam para o que Deus exige de nós, aqui na Terra.
>
> Basta que esse hotentote pratique o bem, cumpra a lei de Deus e ele alcançará na outra vida uma glória que muitos civilizados não alcançam.

Basta que o hotentote pratique o bem!...

Interessante seria ver o hotentote já vindo ao mundo cheio de altruísmo, desde cedo a fazer obras pias, talvez com o coração alanceado por não descobrir uma igrejinha nas vizinhanças de sua aldeia; interessante, esse hotentote, a cumprir a lei de Deus, de que nunca lhe falaram e que nunca soube qual era; interessante seria ver-se esse hotentote, já evolvido, nascendo já com todas as perfeições, entre seus irmãos inferiores, privilégio, aliás, que não se explicaria, porque iria fazê-lo entrar para o Céu, enquanto seu companheiro de raça, o hotentote que só conheceu as leis da tribo e que só teve como dons as imperfeições com que nasceu, esse iria ter às regiões do fogo eterno, salvo se o metessem no Céu com todas as imperfeições e todos os crimes, visto não ter contribuído para os obstáculos.

Entretanto, o que o estudo das raças nos diz é que, nas camadas inferiores do gênero humano, o indivíduo é atrasado e como tal selvagem, animalizado, egoísta, bruto e mau.

O filho herda os sentimentos paternos: é o que ensina a Ciência com o apoio das religiões dos nossos oponentes. Sem educação, sem inteligência, criado e formado nas brenhas, o indígena faz o que vê os outros fazerem; com uma insensibilidade inata, mata e come o inimigo; às vezes, usa de grande crueldade: é como fazem os demais, porque o sentimento de todos é frio, há neles uma como anestesia moral; nasceram assim, assim vivem.

Temos, portanto, que todos os atos do selvático, do montesino, do rústico, do não civilizado, são conseqüências das imperfeições do berço, do meio de existência, da sociedade em que vivem, das luzes que lhes faltam. São imperfeições nativas, atrasos raciais. (1)

Deverá tal indivíduo ir para o Céu? Como poderá, porém, ir ter lá um ser tão atrasado e duro de coração? Para o Purgatório? Mas por que processo se lhe modificará o caráter, refundirá a consciência, aprimorará a inteligência? É fora de dúvida que as faltas dos povos atrasados provêm do próprio atraso: atraso moral, mental, intelectual, e o Purgatório, segundo o ensino teológico, é lugar de *purgar* faltas e não de esclarecer inteligências. Para o Inferno? Lançar no Inferno semelhante bruto seria uma injustiça. Mas para onde irá ele?...

Os Espíritos falam da dupla via do progresso; o ser terá que avançar em ciência e em moralidade. (2)

Contra esse ensino se insurge o ilustrado escritor, que, no caso, representa a opinião da sua Igreja; e ele exclama:

---

(1) Com referência ao hotentote, refere Bertillon que ele é de uma preguiça proverbial; nem a fome o torna diligente. No mais tudo ali é à bruta. Os filhos tomam ao pai o pátrio poder, lutando com ele e derrotando-o: é o direito do mais forte.

Certa vez, um missionário fez esforços prodigiosos por incutir a um grupo de hotentotes a noção de consciência, que eles absolutamente não possuíam (**qui leur fait absolument défaut** — diz o autor), e então lhes descreveu o terrível tormento íntimo que, após a falta, vem perturbar o culpado. Pouco depois procurava ele averiguar o efeito de suas lições junto aos catecúmenos e lhes perguntava que idéia faziam do remorso; recebeu esta edificante resposta: — Devem ser cólicas.

Uma raça prima-irmã dos hotentotes é a dos bochimans. Na tribo, quando os leões costumam rondar muito de perto as cabanas, os pais, com toda a calma, entregam-lhes os filhos para apaziguá-los. E se morre uma lactante, os filhos da morta são enterrados juntamente com ela, porque nenhuma outra mãe se incumbiria, jamais, de sua nutrição. A criança morreria fatalmente de fome.

Entre os cafres, também parentes próximos do hotentote, raça sem nenhum culto (**qui n'ont aucun culte, aucun idole, aucune idée religieuse**), o perdão não é o que se considera uma virtude, mas a vingança. São costumes e todos procedem assim.

Alphonse Bertillon, "Les Races Sauvages".

(2) "O Livro dos Espíritos", n. 192.

Valha-me Nossa Senhora! Estamos perdidos! Não se entra no Céu sem carta de preparatórios! Pobre humanidade! Corre a matricular-te nalgum ginásio equiparado!... Bem se vê que o digno Allan Kardec nunca prestou exame em sua vida. Aliás, teria mais dó da pobre humanidade.

Deixemos de lado a asserção de que Allan Kardec nunca prestou exames em sua vida; é fácil verificar-se o contrário, lendo-se-lhe as biografias.

O principal é saber-se o seguinte: pela doutrina católica não se faz questão de conhecimentos. Qualquer selvagem está apto a entrar no Céu. Mas a sua selvageria, o seu estado mental inferior é que o torna áspero, insensível e conseqüentemente mau, e, quem diz mau, diz pecador. As suas maldades, mesmo, são, diante dos olhos da tribo, atos meritórios e um incentivo para a sua perpetração. Aquele que requintou em perversidade para com o inimigo, merece grandes honrarias, o que, aliás, se nota também nos povos que não se dizem bárbaros. A barbaria e a perversidade fazem parte intrínseca do ser; vieram com ele do ventre materno, consolidaram-se com os hábitos dos conterrâneos; não havia por onde nem por que expurgá-los.

A Doutrina Espírita ensina que o indivíduo se vai purificando e progredindo, e isto se realiza através das existências. Ele entra numa existência superior depois de purificado e esclarecido em existência inferior, ou na sua viagem milenária.

Mas o ser perverso, e perverso porque é bronco, porque é inculto, porque nasceu estúpido e selvagem, reforcemos a interrogação, para onde irá, pelas doutrinas do Catolicismo e do Protestantismo?

Irá para o Inferno, se ele não tem responsabilidade, se ele não teve luzes? Não, parece dizer S. Paulo, ou pelo menos assim o interpretam. O próprio Reverendo afirma que não se responsabiliza o indivíduo por obstáculos independentes de sua vontade.

Para o Purgatório, então? Como aperfeiçoará ele a inteligência, se o ensino romano, revelado por um dos seus mais doutos ministros, a imobiliza nas portas da morte? E se seus pecados eram graves, como iria para o Purgatório?

Para o Céu? Muito menos, ainda, se ele morreu em pecado mortal; se estava coberto de sangue; se não se batizou ao nascer, se não se confessou ao morrer... Como poderia ir para o Céu se não tinha fé, de que os protestantes fazem o processo da salvação? Se não tinha os sacramentos, que são os passaportes com que a Igreja Romana permite a entrada no Paraíso?...

Mas para onde irá essa criatura?...

Era o que nos deviam esclarecer os livros dos nossos irmãos de outras crenças, que combatem a nossa. Mas, enquanto Allan Kardec, com suas *tolices,* apresenta o problema da vida pela maneira racional e lógica do progresso indefinido; enquanto, pelo ensino dos Espíritos, há eqüidade na natureza; há explicação para a diversidade de raças, de povos, de estados, de civilização; há ordem no progresso; há leis graduais para a marcha do Espírito; há uma finalidade preestabelecida; há a vontade divina que se não contraria; há uma harmonia universal; enquanto os presumíveis absurdos da criação se justificam com aquelas "tolices", e podemos verificar que o indivíduo caminha, e progride, e se eleva, sempre dentro do processo evolutivo; enquanto pelas *tolices* de Allan Kardec o plano dos destinos dos seres obedece ao mesmo princípio de igualdade e de justiça; pelo contrário, ante os ensinos teológicos tudo é perplexidade e confusão.

*

O aproveitamento do mal.

Disseram os Espíritos que aqueles que se aproveitam do mal feito por outrem é como se o fizessem, porque aproveitar do mal o mesmo é que participar dele (n. 640, "O Livro dos Espíritos").

A isto replica o autor, a que nos vimos referindo, que "o rigorismo do mestre é terrível", e comenta:

Um ladrão encontra na estrada um homem assassinado. É uma desgraça. Ele não cometeria o crime, não seria capaz de semelhante coisa. Mas... uma vez que tem essa sorte, aproveita-a: furta as jóias e o relógio do morto. Faz mal, bem o sei. Mas t-o to não quer dizer bananeira. E o que me parece clamorosa injustiça é dizer-se que o ladrão tem o mesmo grau de culpabilidade que o assassino.

Como este é um equívoco em que muitos podem cair, elucidemo-lo:

O caso figurado não tem relação nenhuma com o que estabelece o ensinamento dos Espíritos. Não se trata do aproveitamento de um mal qualquer, mas do mal para o qual concorremos; é o caso da cumplicidade, já igualada, em muitos códigos criminais, à autoria, para os efeitos da pena. O cúmplice tem o mesmo castigo que cabe ao autor do delito.

Assim o gatuno que furtasse as jóias e o relógio do morto teria o mesmo grau de culpabilidade do assassino se, de qualquer forma, fosse participante do homicídio; "se o aprovasse; se, tendo a mesma coragem e o mesmo ousio do autor, fosse capaz de praticá-lo", como esclarece o próprio número citado, esclarecimento que passou despercebido ao comentador, como passou despercebido o número do versículo anterior, de que é conseqüência aquele que o escritor censura, e que conclui assim:

> *"...Porque cada um será punido, não só pelo mal que haja feito, mas também pelo mal a que tenha dado lugar."* ("O Livro dos Espíritos" n. 639).

Seguindo-se-lhe imediatamente o n. 640, que fala no aproveitamento do mal e na punição do aproveitador, subentende-se que se trata do mal para que o mesmo aproveitador tenha concorrido.

*

A ânsia de liberdade.

Outra objeção do livro que analisamos:

O n. 400 ("O Livro dos Espíritos") pergunta: **O Espírito encarnado permanece de boa-vontade no seu envoltório corporal?**

— R. **É o mesmo que perguntar se o prisioneiro permanece de boa-vontade no cárcere. O Espírito encarnado anseia sem cessar pela liberdade...**

Ora, eis uma coisa que ninguém sabia!... Não é preciso menos disso para ter o topete de afirmar semelhante coisa. Mostre-nos seu Allan, tiradas as pouquíssimas exceções dos suicidas, quais os Espíritos que não permanecem de boa-vontade no corpo.

Esclareçamos o caso:

O capítulo em que se acha este ensino tem o título geral: *Da emancipação da alma* e o versículo em questão está sob a epígrafe: *O sono e os sonhos.*

Esta ânsia de liberdade se dá ou se manifesta quando a alma tem consciência de si, isto é, em estado de emancipação. É no "sono" que se revela essa aspiração. Quando no corpo, ou em vigília, aquela ânsia jaz mergulhada na subconsciência e se vê limitada ou coagida pelo instinto de conservação, sabiamente outorgado à Humanidade para que ela se não procurasse emancipar dos liames carnais; e os casos de suicídio — raros, como observa o autor —, por aquele instinto é que se não generalizam assombrosamente.

*

As provas da fortuna e da miséria.

Os Espíritos, no Espaço, escolhem a maneira por que hão de viver, visto que o meio de vida é preparo para as suas jornadas espirituais, é forma de progresso. Nestas condições, ensina a Doutrina Espírita que uns preferem vida de miséria e privações, para tentar suportá-la com coragem; outros querem experimentar as tentações da fortuna.

Objeta o escritor:

Resulta daí que os Espíritos é que escolhem a fortuna ou a miséria, o contacto do vício ou a aura da virtude. Kardec parece pensar que os Espíritos são muito bestas. Quem é que deixa de escolher a fortuna nestas condições?

Quem lhe conhece os percalços.

Para apreciar as lições dos Espíritos é necessário que tiremos as vistas do círculo acanhado do mundo. Se continuarmos a ver as coisas com os olhos ambiciosos da Terra, acharemos, de fato, que só um "espírito besta" poderia deixar de escolher a fortuna. Mas os que encaram os fatos de mais alto, percebem que a felicidade não está na fortuna; de cima vêem os Espíritos todas as misérias que existem nos palácios, todas as chagas que roem o peito humano, muitas vezes cobertos de sedas, de brocardos, de jóias, e de veneras; todas as inquietações e sobressaltos das posições elevadas; toda a responsabilidade que pesa sobre os ombros dos afortunados em bens; sabem eles que o rico é apenas um depositário temporário dos haveres que o Criador lhe concede, a título de experiência, e temem não saber dar bom destino a esses haveres; vendo a falência de seus irmãos planetários, receiam também falir; sabem eles que, por muito receberem, muito se lhes há de pedir, e estremecem diante dos encargos.

Ao contrário do que acredita o opositor, é preferível aos Espíritos criteriosos a prova da miséria à da fortuna. Aquela regenera, enquanto esta compromete.

Pode ser que o honrado e respeitável autor do livro que analisamos não descortine os males que trazem ao Espírito a aquisição dos bens da fortuna; pode ser que não repare que é na pobreza e nas privações que o ser se fortalece, nobilita e progride; mas os que já não se acham envolvidos nas fumaças do mundo percebem — o de que o muito ilustrado Reverendo não se lembra — *que é mais fácil a um calabre entrar pelo fundo de uma agulha que um rico no reino dos Céus.* E por isso preferem "a vida de miséria e privações, para tentar suportá-la com coragem".

Meditasse S. Rev.ª nas lições do Cristo e logo se convenceria que, ao invés do que pensa, muita sensatez existe naqueles que escolhem a vida de privações e que só os fracos e ignorantes é que preferem a de riquezas, quando não estão preparados para dela fazer bom uso.

*

Sonhos. Peregrinações oníricas.

No "O Livro dos Espíritos" se declara que o Espírito nunca está inativo, e por isso a alma não repousa durante o sono. Nesse estado, afrouxam-se os laços que a ligam ao corpo e ela percorre o Espaço, entrando em relação mais direta com os outros Espíritos.

No n. 414 há a seguinte afirmativa: *"Durante o sono podereis ver parentes, amigos e conhecidos e essas visitas são tão freqüentes que elas se realizam quase todas as noites."*

Ao que revida o autor das "Tolices": "Não há dúvida, em Kardec perdeu-se um grande cômico!" E depois de muitas frases cheias de verve, a respeito desta extravagância, acrescenta:

> Mas ocorre-me um reparo. Afirma-nos Kardec que esse fato é tão freqüente que se realiza quase todas as noites... Você já viu coincidir algum sonho seu com o dos amigos? Pois nem eu.

O fato de não ter o autor reparado nessa coincidência, não é razão para que ela não se tenha dado. Aliás, os Espíritos explicaram que nós nos esquecemos dos sonhos. Sendo assim, não é muito comum que haja a coincidência de se lembrarem os amigos o terem estado juntos em espírito.

Além disso, nem todos os sonhos implicam o desprendimento do ser espiritual; muitos deles não passam do reflexo de nossas preocupações diuturnas.

No sono profundo é que o Espírito se desata dos laços corporais e vagueia pelas paragens desconhecidas. Nestas condições está o caso do número de "O Livro dos Espíritos" a que o autor se refere: o do encontro dos amigos no Espaço. Mortos e vivos se reúnem, conversam e voltam depois aos seus lugares.

A vida da matéria, porém, apaga todas as recordações. O cérebro é uma espécie de veículo com capacidade limitada, com acomodações restritas. Por ele só passa o que dentro dele se pode acomodar.

O Espírito, no Espaço, acha-se em meio completamente diverso; o que ele viu, presenciou ou recolheu produz uma série de vibrações especiais; estas não se põem sempre em uníssono com as vibrações do cérebro e, daí, não poder o cérebro retê-las e reproduzi-las sempre. Surgem, então, os sonhos incoerentes, mutilados, apagados, incompreensíveis...

É comum também acordarmos, no meio do sonho, sonolentos ainda... Percebemos que estamos participando de outro ambiente, de outra vida; a nossa situação é como a do mergulhador, logo que entra na água; ele ainda ouve sons vagos, vozes indistintas; vê a luz amortecida que se coa através da superfície do mar. Em pouco tudo se esvai. O mesmo acontece quando passamos, paulatinamente, do mundo espiritual ao da forma. Ao despertar, povoam-nos a imaginação sombras indecisas; as lembranças esvoaçam; qualquer coisa de impreciso, de vago aflora em nosso entendimento... Sabemos ter acabado de participar de outro meio, de outro mundo; depois tudo se some.

E quanto mais profundo o sono, maior o esquecimento.

O obstáculo, porém, não é intransponível; a tese não é absoluta. A regra comporta exceções. Elas surgiram, talvez, para desmentir os cépticos, para provar a realidade do ensino espírita.

Se o acreditado sacerdote ou seus amigos nunca souberam de pessoas que se tenham lembrado dos seus colóquios noturnos e espirituais, há, entretanto, quem os testemunhe. Os casos correm mundo e formam o acervo da fenomenologia psíquica, contra a qual vêm esbarrar, como em formidável arrecife, as vagas bravias da dialética dos nossos adversários.

Apresentemos, a título de exemplo, o que vem relatado nos "Proceedings" (1), com grande abundância de detalhes. O caso nas suas linhas gerais, é o seguinte:

O Sr. William Taift embarcou em Cork, pelos fins de 1866, no paquete **City of Limerick**, com destino à América do Norte. Ia com ele, no mesmo camarote, um seu conhecido, Wilmot, industrial americano. Em meio da viagem, desabou uma tempestade. Wilmot, mais despreocupado ou mais acostumado que seu companheiro com o balanço do navio, dormiu sem maiores cuidados. Taift, porém, não pôde fechar os olhos. Estava, pois, perfeitamente acordado, quando viu na **cabine** uma senhora, e seu espanto foi grande, porquanto a mesma **cabine** estava fechada a chave e não havia por onde entrasse alguém. Era uma jovem, vestida de **peignoir** branco. Olhou a princípio para Taift, como que embaraçada, depois, como quem toma uma resolução, dirigiu-se ao leito de Wilmot, em cuja fronte depôs um beijo. Muito espantado com o fato, Taift sentou-se bruscamente no leito, perdendo de vista a dama misteriosa.

Um balanço mais violento acordou o seu companheiro, que abriu os olhos. Taift, rindo-se, lhe disse: — Muito bem; com que então, quando se dorme, ou se finge dormir, recebem-se bonitas senhoras, não?...

Um tanto contrafeito, Wilmot perguntou: — Falei, quando dormia? Acabo de sonhar, com efeito, que minha mulher veio ver-me e me abraçou.

Taift contou a visão que tivera e, como é de prever, grande foi a admiração de ambos pela coincidência. Mas, o caso não pára aí. Chegado a New York, a primeira coisa que ao Wilmot perguntou a consorte foi se tinha recebido sua visita e explicou que, tendo grande tempestade varrido o Oceano, dando causa mesmo ao naufrágio de um grande navio, o **Africa**, conforme tinha lido nos jornais, isso fê-la ficar muito apreensiva a respeito da sorte do **City of Limerick**. À noite, estava em seu quarto, sentada numa cadeira de braços e vestida de **peignoir** branco, quando adormeceu. Pareceu que tinha saído em busca do esposo. Depois de haver percorrido uma grande porção de mar revolto, avistou, por fim, um vapor pintado de preto. Chegada ao navio, atravessou o salão comum e foi ao camarote do marido. Aí havia um homem numa cama superior à deste, e esse homem a olhava fixamente; isso a perturbou um pouco; mas, em seguida, dirigiu-se ao travesseiro onde o caro companheiro estava adormecido e beijou-o.

---

(1) "Proceedings" da Society for Psychical Researches, vol. VII, pág. 41, ano de 1891.

A Sociedade de Londres, antes de publicar este relato, ouviu várias testemunhas, além dos protagonistas, isto é, pessoas que souberam do acontecimento, de sorte que o episódio está suficientemente revestido de provas.

Da grande coleção de Ernesto Bozzano, extraímos ainda o seguinte caso:

Caso VI. — Retiro-o do vol. 30, pág. 230 dos "Proceedings of the S. P. R." Relata-o o Prof. William Barrett e é um episódio rigorosamente documentado. Os protagonistas são o Sr. Arundell Mackenzie-Ashton e o coronel E. H. Nicholson.

Datada de 11 de setembro de 1882, em Newark on Trent, escreve o coronel: Passei algum tempo na Walesby Vicarage e lá à noite, divertíamo-nos fazendo mover-se, mediunicamente, a mesinha. Verificados os primeiros movimentos, perguntamos: — Quem está presente? A resposta foi: — Arundell Mackenzie. (Mackenzie estava vivo.)

— Onde se acha?

— Presente em Espírito.

Perguntamos mais: — Que está fazendo e em que condições se encontra presentemente?

As respostas a esta interrogação foram tão precisas que o coronel escreveu logo após à personalidade que se dizia comunicante, enviando-lhe um verdadeiro questionário. A resposta não se fez esperar. Mackenzie confirmava em carta o que havia dito em Espírito. E explicou: Durante o dia tinha estado fatigado. Depois me estendi no divã e adormeci. Sonhei então que estava em Walesby Vicarage; e conta o sonho que era a reprodução do que se tinha passado em sessão.

O caso que se segue é extraído do livro de William H. Harrison: "Spirit before our Eyes" (pág. 173). Escreve ele:

A narrativa seguinte foi-me enviada de Vevey — cidade da Suíça — em 3 de março de 1875, pelo príncipe Emílio de Sayn--Wittgeinstein, que foi ajudante de campo do Imperador da Rússia durante a guerra russo-turca, de 1878.

Eis a relação do príncipe:

"Há cerca de um ano tentei convencer a uma jovem dama que o seu espírito — em condições especiais — poderia afastar-se do corpo para agir independentemente. Após insistentes pedidos meus, condescendeu ela em confiar-me uma sua luva, por meio da qual eu esperava chegar a por-me em relação magnética com ela.

Separamo-nos no mesmo dia, e, apenas as circunstâncias me permitiram, tentei a primeira experiência, em hora avançada da noite, para que a dama estivesse imersa em profundo sono. Tomei a luva na mão esquerda e o lápis na direita, pousando-o sobre uma folha de papel, e concentrei o pensamento na dama. Não tive muito que esperar, pois que logo me senti influenciado, e o lápis começou a responder a várias perguntas mentais que fui fazendo. Nesta experiência estávamos separados meio dia de viagem.

Continuei as mesmas práticas por várias semanas, durante as quais a luva foi gradualmente perdendo a influência que a tornava ativa, de modo que também as manifestações se foram enfraquecendo até cessarem de todo.

Em seguida vim a saber que, durante as minhas experiências, a dama tinha muitas vezes comigo sonhos de clareza extraordinária, e que em um desses sonhos ela me havia visto com tanta nitidez que pôde descrever a roupa com que eu estava vestido e o quarto em que me achava alojado, de modo em tudo correspondente com a verdade.

Além disso, ela me confirmou a exatidão dos numerosos incidentes de sua vida privada que lhe apresentei, incidentes que chegaram ao meu conhecimento ditados medianimicamente por ela mesma, durante o sono.

Toda vez que o seu Espírito respondia ao meu chamamento, eu sentia um calefrio agradável correr-me pelas costas.

Algumas vezes, o lápis sofria um abalo violento a que sucedia a interrupção da mensagem; esta, logo depois, recomeçava placidamente, como se nada houvesse sucedido. Perguntei o motivo de tais bruscas interrupções, e foi-me respondido serem elas conseqüências de rumores imprevistos que, naquele mesmo instante, haviam perturbado o sono da senhora que se achava em comunicação medianímica.

Para não alongar demasiadamente os nossos comentários, com relação à dúvida do ilustrado sacerdote, acrescentemos, apenas, um exemplo mais, que tem a vantagem de ser narrado por um cura, o cura Domdidier, do cantão de Friburgo, em carta que dirigiu a 18 de abril de 1908 ao Sr. Rollinet, que, por sua vez, a comunicou a Camille Flammarion. Ei-la em resumo (1):

Em 1859, o Sr. Doutaz, de 18 anos, acabava de deitar-se, depois de haver preparado sua tese de filosofia para o dia seguinte.

---

(1) "Annales des Sciences Psychiques". Out. 1910; Denis: "Dans l'Invisible".

Adormecido, teve visão estranha, que se renovou. Ele viu o pai, o qual morava a quatro quilômetros de distância. E o pai lhe disse: Meu caro Joseph... tua pobre irmã Josefina está moribunda em Paris. Na segunda vez, o velho genitor avisou-o ainda: Meu caro Joseph, tua irmã está moribunda, mas tua mãe ainda ignora a dolorosa notícia.

Ao dia seguinte, Joseph Doutaz dirigia-se ao Liceu quando recebeu uma carta de seu pai, que lhe narrava os acontecimentos, como o rapaz os tinha sonhado; a carta era a confirmação exata do que ele ouvira, em sonho, durante a noite.

Temos, ainda, muitas outras objeções a esclarecer e por isso não nos podemos demorar nesta. Farta, aliás, seria a messe de exemplos capazes de demonstrar que no sonho há o desprendimento do Espírito e nós a apresentaríamos se nos sobrasse espaço.

Remetemos, porém, os que ainda estiverem cheios de dúvidas a Flammarion: "L'Inconnu et les Problèmes Psychiques" e "La Mort et son Mystère"; a Myers, Gurney e Podmore: "Phantasm of the Living"; a Aksakof: "Animismus unt Spiritismus"; a Eugène Nus: "Choses de l'Autre Monde"; a d'Assier: "L'Humanité Posthume"; a Du Potet: "Traité de Magnetisme"; a Lafontaine: "L'Art de Guérir"; ao Dr. Moutin: "Le Diagnostic de la Suggestibilité"; a Bozzano: "Delle Communicazioni Medianiche fra Viventi"; a Gabriel Delanne: "Les Apparitions Materialisées des Vivants et des Morts"; a Moirac: "Annales des Sciences Psychiques", etc.

As narrativas comprobatórias do ensino espírita, que o autor refuta, são numerosas. Constituem a prova em que aquele ensino se estriba. Delas duvidará, talvez, o abalizado escritor, enquanto nos apresenta, como absolutamente certos, a eterna beatitude de uns no Paraíso, e o eterno penar de outros no Inferno!

Aliás, a lógica, em matéria religiosa, é assim.

*

Tudo conduz ao plano geral da obra divina.

E, para terminar, ouçamos esta última contradita:

Temos uma consequência a tirar dos miríficos princípios espíritas.

Esta vida é uma expiação, dizem eles. O que sofremos é justo; foi merecido por nós, ainda que seja noutras encarnações.

Muito bem. Então quando um homem mau persegue o seu semelhante, quando um ladrão furta, quando o capanga mata, é sempre instrumento da justiça divina. Deus não pode deixar exceder o que a pessoa mereceu; pois que, se o sofrimento passasse o mal cometido, pelos dizeres espíritas, Deus seria injusto; faria diferença entre as suas criaturas inteligentes.

Pois bem, caríssimos espíritas, segue-se que se matarmos, se roubarmos, se torturarmos o próximo, não fazemos nada de mal. É apenas porque ele o mereceu noutras encarnações!

— Hum?!

Que o próximo o mereceu, não resta dúvida; quanto a que não fizéssemos nada de mal —, hum!... dizemos nós agora.

Se matarmos, se roubarmos, se torturarmos, infringimos a lei. Não é possível inferir-se que não fazemos nada de mal.

O morto, o roubado, o torturado sofrem as provas que lhes cabem, e como ninguém nos mandou matar, roubar ou torturar, ficamos, por nossa vez, em dívida. Porque, quando cometemos aquelas apontadas iniqüidades, não temos em mira limpar o próximo dos seus pecados, senão satisfazer as nossas baixas inclinações, os nossos maus instintos. Os que sofreram, saldaram um débito; os que fizeram sofrer, encheram-se de culpa.

Parecerá a muitos, e talvez seja esse o equívoco do Reverendo, que o mau é forçado a cometer a maldade para o resgate do seu semelhante. Não há tal. O que está submetido *à prova* experimentá-la-á de qualquer maneira, e experimentá-la-ia, mesmo sem existir o mau para servir de instrumento; o que tinha de ser assassinado, morreria de desastre; em vez de roubado, o que por tal aborrecimento devesse passar, perderia os seus haveres; as torturas, infligi-las-ia o destino, a natureza com suas agrestias...

Não havia escapar!

Como, porém, existem os assassinos, os ladrões, os perversos, vão eles servindo de meio de reparação, de instrumentos do progresso, e as suas próprias iniqüidades revertem em benefício da harmonia universal.

É possível que não nos tenhamos feito entender; pois que fale por nós pessoa insuspeita ao digno padre a quem replicamos, o conselheiro Ruy Barbosa (1):

> "Desde que o tempo começou, lento lento, a me decantar o espírito do sedimento das paixões, com que o verdor dos anos e o amargor das lutas o enturbavam, entrando eu a considerar com filosofia nas leis da natureza humana, fui sentindo quanto ela necessita da contradição, como a lima dos sofrimentos a melhora, a que ponto o acerbo das provações a expurga, a tempera, a nobilita, a regenera. Então vim a perceber vivamente que imensa dívida cada criatura da nossa espécie deve a seus inimigos e desfortunas. Por mais desagrestes que sejam os contratempos da sorte, e as maldades dos homens, raro nos causam mal tamanho, que nos não façam ainda maior bem. Ai de nós, se esta purificação gradual, que nos deparam as vicissitudes cruéis da existência, não encontrasse a colaboração providencial da fortuna adversa e dos nossos desafetos. Ninguém mete em conta o serviço contínuo, de que lhes está em obrigação.
>
> Diríeis, até, que, mandando-nos amar os nossos inimigos, em boa parte nos quis o divino legislador entremostrar o muito de que eles nos são credores. A caridade com os que nos malquerem, e os que nos malfazem, não é, em bem larga escala, senão paga dos benefícios, que, mal a seu grado, mas muito de veras, eles nos granjeiam.
>
> Destarte não equivocaremos a aparência com a realidade, se, nos dissabores que malquerentes e malfazentes nos propinam, discernirmos a cota de

---

(1) Discurso por ocasião da colação de grau dos bacharelandos de 1920, na Faculdade de Direito de S. Paulo. "Revista de Língua Portuguesa", n. 11, pág. 33.

lucro, com que eles, não levando em tal o sentido, quase sempre nos favorecem. Quanto é pela minha parte, o melhor do que sou, bem assim o melhor do que me acontece, freqüentemente acaba o tempo convencendo-me de que não me vem das doçuras da fortuna propícia, ou da verdadeira amizade, senão sim que o devo, principalmente, às maquinações dos malévolos e às contradições da sorte. Que seria hoje, de mim, se o veto dos meus adversários, sistemático e pertinaz, me não houvesse poupado aos tremendos riscos dessas alturas, "alturas de Satanás", como as de que fala o Apocalipse, em que tantos se têm perdido, mas a que tantas vezes me tem tentado exalçar o voto dos meus amigos? Amigos e inimigos estão, amiúde, em posições trocadas. Uns querem mal, e fazem bem. Outros almejam o bem, e nos trazem o mal.

Não poucas vezes, pois, razão é lastimar o zelo dos amigos, e agradecer a malevolência dos opositores. Estes nos salvam, quando aqueles nos extraviam. De sorte que, no perdoar aos inimigos, muita vez não vai somente a caridade cristã, senão também justiça ordinária e reconhecimento humano. E, ainda quando, aos olhos do mundo, como aos do nosso juízo descaminhado, tenham logrado a nossa desgraça, bem pode ser que, aos olhos da filosofia, aos da crença e aos da verdade suprema, não hajam contribuído senão para a nossa felicidade."

Aqui paramos sem mais comentários. Não poderíamos dizer melhor.

O ESPIRITISMO ANALISADO

Em 1908 apareceu, editado no Rio Grande do Norte, um livro com o título acima, da autoria de um pastor protestante; livro de um pastor, é bem de notar, aquela análise do Espiritismo mais não podia ser que uma série de objurgatórias, qual mais ferina, qual mais violenta, onde o autor se apresenta como Júpiter fulminante e vingador.

O escritor, força é dizer, escreve bem. Sua argumentação incisiva, seu estilo enérgico e os dourados das frases de efeito podem dar a ilusão de um trabalho inatacável. Junte-se a isto muito texto bíblico, muita repetição impressionante e temos uma obra de respeito. Dessa obra se têm aproveitado vários libelistas para ver se embaraçam ou amedrontam os espíritas provincianos, lançando-lhes em cheio as razões que o autor, o rev. J. G., expendeu, para demonstrar que *"o Espiritismo é nimiamente absurdo, descomunalmente contraditório e risivelmente incoerente"*.

Muitos dos "absurdos", das "contradições" e das "incoerências" que o rev. J... atira ao rosto dos espíritas, com ar triunfante e esmagador, já foram, por nós, verificados em capítulos anteriores. E se vamos analisar os restantes é porque "O Espiritismo Analisado" tem sido inesgotável manancial de razões antiespíritas e parece que não há adversário, quase, que não tenha ido lá com o seu cântaro.

Como a fonte continua a correr, falando o seu autor em extrair novas edições, aqui vimos com a contra-análise.

O autor abre o seu compêndio com uma declaração errada, a de que o Espiritismo, em seus argumentos, apela para a Bíblia.

Ora, o Espiritismo assenta a sua doutrina nos fatos. É, portanto, para os fatos que ele apela, quando quer estear as suas asserções. Quem se apóia na Bíblia só pode ter a fé como sustentáculo; entretanto, como diz Jules Gayard, chegou a hora de saber e não de crer, tão-somente.

A doutrina surgiu da observação e da experimentação. A religião espírita vem amparada pela Ciência.

No domínio científico, a melhor prova em apoio de uma hipótese é aquela pela qual se demonstra que vários grupos de fatos convergem, de toda parte, para dá-la como verdadeira. É a prova crucial. Nessa prova crucial, invocada por Ernesto Bozzano, é que reside a força do Espiritismo.

Se fôssemos a apanhá-la na Bíblia, nada de sólido apresentaríamos ao mundo, porque a Bíblia, por sua vez, precisa de demonstração. Iríamos cair, não obstante o muito respeito que a Bíblia nos merece, no cipoal teológico a que nos querem arrastar os nossos antagonistas, com a mira posta em enveredar-nos nas interpretações duvidosas, onde os modos de ver se multiplicam ao infinito, onde ninguém tem a última palavra, e donde surgem as mais categóricas afirmações, sem que se lhes possa perceber a resistência do pedestal. Entretanto, é nesse dédalo que os antagonistas construíram o seu fortim.

Em matéria de Escritura, os espíritas, no a que se referem, é tão unicamente aos Evangelhos. Não os apresentam, porém, como prova, senão como fonte de luz subsidiária, elemento de reforço, enfim, cúpula cintilante do majestoso edifício.

Se não houvesse o Evangelho, ele nos teria sido agora revelado. Mas esse Evangelho, como o conhecemos, não pode passar sem as luzes do Espiritismo, que o interpreta, que o esclarece, que o amplia, que o propaga. Não fora o Espiritismo e os seus mais belos ditames ficariam obscuros, senão deturpados; os seus imperativos, ajeitados; a sua moral, sibilina; e a Humanidade, quando se esclarecesse, havia de pô-lo à margem, por não compreender o mistério da Santíssima Trindade, por achar desarrazoada a criação do homem impuro à imagem e semelhança de Deus, por parecer-lhe absurda a existência do mal absoluto, por verificar a crueldade do castigo eterno, por não acreditar na onipotência divina em face do poder de Satanás, por se lhe antolhar injusta a transmissão do pecado pela queda de Adão, bem como a redenção pelo sangue do Cristo, fatos todos esses que os nossos irmãos bíblicos e católicos sacaram daquela fonte cristalina, que deveria trazer-nos o consolo, a esperança, a fé e o amor, mas que tem servido, pela intolerância dos crentes, para lançamento de anátemas, e pela exegese das Igrejas, para desiludir o pioneiro, e endurecer o céptico.

Isto posto, passemos a examinar o que há de "*nimiamente absurdo, descomunalmente contraditório* e de *risivelmente incoerente*" no Espiritismo, como o analisou o rev. J. G.

* * *

UM CAPÍTULO FORTE

O ilustrado autor do *E. A.* carregou a mão no seu capítulo V. Ele tem o título seguinte: — *O Espiritismo é contraditório e imoral.*

Demoremos nele, por sua pujança. À primeira vista, é de recuar na suposição, até, de que temos diante dos olhos leitura escabrosa. Tranqüilizem-se, no entanto, os mais pudicos. Os termos que o autor emprega foram feitos para impressionar, somente; são verdadeiros espantalhos, à maneira das muralhas chinesas, mas inofensivos.

As contradições e imoralidades que ele colheu são poucas; não passam de quatro e estendem-se de páginas 42 a 46: páginas de comentários, cheias de exclamações, de adjetivos sonoros, de palavras retumbantes, atiradas para estontear o leitor, a ver se ele se espanta e, sugestionado pela rutilância e veemência da linguagem, pode convencer-se das imoralidades e contradições que ali se apontam.

Vejamos a 1.ª:

Imaterialidade da alma.

É assim que — diz o rev. J... —, lendo o compêndio de filosofia espírita, ora nele se nos depara a afirmação da imaterialidade da alma, ora justamente o contrário.

Destarte lemos à pág. XVII da "Introdução" à citada obra: Há no homem... a alma ou ser imortal...

E logo depois: — imaterial não é o termo próprio... sendo o Espírito alguma criação deve ser alguma coisa: é uma matéria quintessenciada...

Aí está a contradição!

Parece que Allan Kardec já conhecia a força do pessoal que lhe ia surgir por diante, porque deixou a suposta contradição desde logo esclarecida. Assim, explica ele, em nota: — "Dizemos que os Espíritos são imateriais, porque, pela sua essência, diferem de tudo que conhecemos sob o nome de matéria."

Aí têm. Kardec chamava aos Espíritos imateriais, porque não tinha outro modo de classificá-los. Era o vocábulo que mais respondia, na linguagem humana, à essência deles. Consultados os Espíritos, eles, apenas, retificam o termo e declaram que seria mais exato dizer *incorpóreo*, que *imaterial não é o termo próprio*, visto que *o Espírito é matéria quintessenciada.*

Simples questão de propriedade no dizer. De um lado é Kardec que usa de uma denominação à falta de melhor e que o confessa: diz que os Espíritos são imateriais porque diferem de tudo que conhecemos como matéria; de outro lado são os Espíritos que, consultados a respeito, acham que seria mais apropriada outra expressão. Tudo isto vem devidamente comentado e explicado em "O Livro dos Espíritos".

O pastor, porém, não viu explicação nem comentários. Dissecou as frases como entendeu, e agora veremos as apóstrofes:

São estas as luzes que o Espiritismo veio trazer à humanidade!...

É a isso que Allan Kardec chama a dispensação do Espírito da Verdade!

É isto... etc., etc...

Imagine-se que, amanhã, chamemos a uma faca pequena de canivete; mas, a folhas tantas, resolvemos indagar de X se está certa a denominação, e este emenda: — canivete não é bem o termo; deveis chamar faquinha, por isto ou por aquilo.

Tudo deixamos claramente exposto. Quem veria aqui uma contradição ou uma imoralidade? Veria o pastor J..., se fosse uma questão de Espiritismo, submetida a seu escalpelo.

E sobre a *matéria quintessenciada,* diremos mais adiante.

O segundo caso imoral ou contraditório é declarar-se que Deus não pode ser um homem, e chamar-se a Cristo — homem-Deus; desse já tratamos no começo.

*

A intenção no mal.

Vamos, pois, à terceira questão, enfileirada, com as antecedentes, entre os fatos contraditórios e imorais do Espiritismo. O pastor a enuncia assim:

Com efeito, que se poderia esperar de um sistema filosófico que, negando tudo que constitui a essência do Cristianismo, ensina, ao mesmo tempo, que o mal não existe e que aquilo a que chamamos mal, depende da vontade ou intenção que se tem de o praticar?

É o que se pode verificar neste trecho espírita: — ... "o **mal depende** sobretudo da vontade que se tem de o praticar."

Os nossos antagonistas chamam contradição a qualquer coisa que lhes não soa bem aos ouvidos. Aqui, porém, apesar da elasticidade que dão ao nome, não vemos, por maior que seja a nossa complacência, onde possam existir, no lance apontado, noções contraditórias. É de crer, pois, que se trate, unicamente, de uma imoralidade.

Receando o ilustre escritor que se não verifiquem, no Kardec, os erros que ele aponta, costuma condimentá-los, como já vimos, com muitas exclamações e muitas interjeições e, outras vezes, os apresenta mutilados, de maneira que o leitor não lhes percebe o sentido e acaba por acreditar na imoralidade ou na contradição.

Vejamos, porém, o ensino por inteiro:

"O Livro dos Espíritos", 636. — São absolutos, para todos os homens, o bem e o mal?

R. — A lei de Deus é a mesma para todos; porém, o mal depende principalmente da vontade que se tenha de o praticar.

Acha o pastor que, diante disto, "segundo esse princípio subversivo da moral cristã, o homem que o admitir pode fazer o que lhe parecer bem".

Não sabemos se o homem que o admitir pode fazer o que lhe parecer bem; o que se ensina é *que o mal está na intenção de quem o pratica,* isto é, que só é faltoso quem pratica o mal intencionalmente — o que é claro aos olhos de toda a gente, o que preceituam todas as legislações cultas, o que consta na própria cartilha protestante.

Quando se fala no *mal* é naquele mal que fazemos, no mal que nos torna responsáveis; o mal que praticamos só pode incidir em sanção penal, constituindo crime, quando houver de nossa parte a intenção de cometê-lo. Sabe-se, em direito criminal, que só comete crime o que praticou a falta com *animus dolendi,* isto é, o que tinha a intenção do dolo, a intenção do mal. (1)

Se alguém, inadvertidamente, disparar uma espingarda e ferir o seu semelhante, não será responsável,

---

(1) Presentemente está um pouco modificada essa noção penal. — **(Nota da 2ª ed.).**

porque não tinha a intenção de fazê-lo. É isto o que ensina o versículo 636. E se dúvidas houver sobre o mesmo, que se leiam os subseqüentes versículos e ver-se-á que o mal de que ali se trata é o que acarreta a culpa; quando se afirma que ele não existe, com isto se diz que a falta imputável não existe.

Era preceito do direito romano; é hoje do direito penal; e seria do direito canônico, se não houvesse a exceção da inversa, que nos faz responsáveis pelos males de Adão e Eva.

A 4.ª *imoralidade* já a discutimos. Diz com o ensinamento espírita de respeitar a crença dos outros. Tivesse seguido esse preceito o honrado pastor e lhe não faltaria a serenidade para compreender o que de justo ensinaram os Espíritos.

E nesses quatro pequenos casos, para os quais não se fazia mister um olhar de lince, cifrou-se o autor da Análise para declarar em letras gordas, do alto de um capítulo, que *o Espiritismo é contraditório e imoral.*

MATERIALISMO INCONSEQÜENTE

Há uma frase que quase se vai tornando em sentença, tão comum é vê-la a todo o instante proferida pelos adversários do Espiritismo. Tão despida de senso é ela, que nem lhe faríamos referência, se não fora aquela insistência.

A dita frase, tão do paladar dos nossos beligerantes irmãos, é esta: — *O Espiritismo é materialismo inconseqüente.* O rev. G..., então, espalha-a por todas as páginas do seu livro, ao lado de outras, que também muito lhe sabem. E querem ver por que o Espiritismo é materialismo inconseqüente? Porque os Espíritos disseram que o Espírito é *matéria quintessenciada.*

O rev. J... escuda a sua asserção na seguinte dialética:

A alma é uma substância una, indivisível, imortal, imaterial, que **pensa, sente e quer.** O materialismo não admite que haja entre nós uma substância imortal e distinta da matéria e explica o exercício do pensamento, do sentimento e da vontade, considerando-os meras resultantes imediatas das funções cerebrais, simples efeitos mecânicos de elementos puramente materiais, deslocados pela ação da matéria organizada, em determinadas condições.

Depois do que, o autor cita o ensino de Kardec e assegura:

Aí está, sem qualquer circunlóquio, proclamado o Materialismo mais escancarado que se conhece.

Se não soubéssemos como o espírito de seita obumbra a razão, ficaríamos a duvidar da boa-fé ou da lucidez do escritor.

Da própria explicação do que é a alma e do que é o materialismo, como ele no-los refere, verifica-se a falência e a falácia da sua confusão.

"A alma é indivisível, imortal, imaterial, pensa, sente e quer" — é o que afirma.

Muito bem. Tirando o "imaterial", por enquanto, perguntamos: há quem acredite se diga, em Espiritismo, que a alma pode dividir-se, que morre, que não pensa, que não sente ou que não quer?

Se os espíritas admitem a alma tal qual a define e estabelece o Reverendo, como chamar materialismo à sua doutrina?...

"Pelo materialismo" — explica o autor, ainda —, "exercício do pensamento, do sentimento e da vontade são resultantes das funções cerebrais."

Muitíssimo bem. Para que o Espiritismo fosse, pois, esse materialismo, era preciso que ele adotasse aquela tese. Mas quem não sabe, medianamente lido em assuntos espíritas, que pela Doutrina dos Espíritos a alma é distinta do corpo, que o exercício do pensamento, do sentimento e da vontade não são resultantes das funções cerebrais, senão faculdades do Espírito? Que o referido exercício se mantém e manifesta depois da dissolução do cérebro, que sobrevive ao corpo, que se revela nas sessões, que se patenteia depois da morte?

Pois não vive o rev. J... e seus companheiros de cruzada a atacar o Espiritismo, justa e precisamente por essa manifestação dos mortos? Tal não significa dizer que aquele exercício se manifesta quando já o cérebro não existe?...

Materialismo é o que o próprio pastor expôs: é a doutrina que apresenta as manifestações do Espírito como oriundas da matéria e como tal mortais. O que caracteriza o materialismo é a mortalidade da alma. Ele nega a sobrevivência, nega a independência do Espírito, nega a sua indestrutibilidade. Ora, o Espiritismo é o contrário dessa negação.

Por maneira que o único e frágil esteio do Reverendo é a definição dada em "O Livro dos Espíritos" — de matéria quintessenciada.

Mas essa *matéria*, explicam os mensageiros, "escapa à ação dos sentidos corporais", "não tem analogia para nós, humanos".

É ela, pois, inteiramente diversa daquilo que conhecemos com aquele nome. Se é assim, os impugnadores não podem partir da matéria, como a conhecemos.

Os materialistas construíram sua ciência sobre essa *matéria conhecida*, matéria que tem determinadas propriedades, que impressiona os nossos sentidos por determinada maneira, que tem os seus característicos próprios. Mas se há outra *matéria* que não tem as mesmas propriedades, que não impressiona os nossos sentidos pela mesma maneira, que tem característicos diferentes, enfim, "que nenhuma analogia tem para nós, está-se a ver que é ela inteiramente diversa da que conhecemos, e, logicamente, não podemos estabelecer os mesmos raciocínios, com base em ambas.

No caso, porém, o principal é saber se seria o Espírito matéria quintessenciada ou não. Tratar-se-ia de uma questão de fato e todas as divagações filosóficas em torno seriam ociosas. Se o Espírito é realmente essa *matéria*, que adiantam as exclamações do pastor J...? As razões escriturísticas em que ele se baseia se nulificariam, como se nulificaram as dos que contestavam o movimento da

Terra, a sua esfericidade, a grandeza dos mundos, as circunvoluções cerebrais...

Não há por que impugnar o termo. Hoje, os mais espiritualistas acreditam que tudo é energia e matéria; sendo aquela uma resultante desta ou vice-versa. Por que não pode o Espírito ser energia?

Crookes chegou a compreender e definir o Espírito pelas suas experiências sobre a matéria radiante, que denominou o 4.º estado da matéria.

De tudo se vê que é possível demonstrar, pelas experiências da Ciência, o quanto o ensino kardecista pode estar perto da verdade, malgrado as razões de alto valor bíblico apresentadas pelo nosso irmão.

Diz ainda o escritor:

> Não é de admirar que Kardec afirme que o Espírito é, em certos casos, apreciável pelo sentido da vista, da audição, do tato. Para ele a alma é material e por isso pretendem os espíritas fotografá-la.

Quando se diz que o Espírito é apreciável *em certos casos*, pelos nossos sentidos, explica-se: são os casos em que existe uma como sincronia de vibrações entre o ser encarnado e o desencarnado. E as pessoas que vêem os Espíritos, nestas condições, são chamadas médiuns videntes.

Que, para Kardec, a alma seja, porém, material, é falso.

As almas que os espíritas pretendem fotografar, e realmente fotografam, não são as que os médiuns vêem, mas as que tomam forma material ou se deixam impregnar por fluidos materiais. Quanto às fotografias, elas aí estão, apesar do raciocínio cerrado do pastor e das muitas frases exclamativas que o acompanham.

Bem sabemos que o Reverendo pode negá-las. Pior será para a doutrina que defende. Dar-se-á o que um seu colega procurava evitar, o pastor Othoniel Motta, quando dizia do alto da tribuna evangélica, em S. Paulo:

> Um grave erro que se tem cometido no combate às práticas espíritas consiste em negar esses fenômenos que, no dizer de muitos, não passam de embustes dos chamados médiuns. Esta posição é perigosa e insustentável. Perigosa... porque, se acaso esses fenômenos são reais, uma vez percebida sua realidade, segue-se que a nossa crença se escuda na mentira ou pelo menos na irrealidade. (1)

Período oracular. O erudito mestre teve a previsão do que acarretará de descrédito, para a doutrina que esposou, a negação de fenômenos submetidos a experiências constantes, constantemente verificáveis, e que se vão impondo à consideração da Ciência, não obstante todas as impugnações.

As almas que os espíritas pretendem fotografar se vão tornando cada vez mais fotografáveis, e o honrado beletrista, rev. J..., na sua negação, terá contribuído, apesar de suas luzes e de seu vasto conhecimento da Escritura, para que se verifique, como prevê o pastor Othoniel, que a sua crença se escuda na mentira ou pelo menos na irrealidade!

---

(1) Othoniel Motta — "Porque não sou espiritista".

O PROBLEMA DA SALVAÇÃO E DO PECADO

AS PENAS ETERNAS

O problema do sofrimento, o enigma das dores humanas têm preocupado os filósofos e embaraçado as religiões. Não supomos estejam eles inteiramente resolvidos. Queremos crer, entretanto, que a maior luz ou a única luz projetada até agora sobre o assunto vem do Espiritismo.

As outras crenças combatem os princípios espíritas neste terreno, criticam-no impiedosamente, quando os seus ensinos são de lastimável pobreza e de impossível aceitação.

Em "O Livro dos Espíritos" encontra-se a lição de que as dores têm por causa a nossa imperfeição.

Perguntando-se às entidades do Espaço se não podia Deus isentar as criaturas das provas, responderam elas:

"Se Deus houvesse criado os Espíritos perfeitos, nenhum mérito teriam para gozar dos benefícios dessa perfeição."

Tal doutrina vem colidir com certos dogmas existentes, e valeria a pena notar as refutações que tem merecido.

Em "O Espiritismo Analisado", esse digno escritor apresenta a seguinte objeção:

É grosseiro, é repugnante, é absurdo, é incompatível com a perfeição do Criador — afirmar-se que ele cria Espíritos imperfeitos, avilta-os depois pela chamada reencarnação, e que, entretanto, quando estes pobres espíritos, tolhidos em sua liberdade pela rudeza da matéria — vidro opaco e água lodosa em que foram irremissivelmente lançados pelo Deus espírita — ou mesmo, quando, expandindo-se nas objetivações imperfeitas de sua imperfeição original, cometem o que o Espiritismo denomina mal relativo — eis que — pobres seres, vítimas da ignorância que receberam do Deus espírita no momento de serem criados!... vão receber atrozes castigos! — castigos que o Espiritismo, apesar de não admitir a existência do inferno, considera qual um verdadeiro inferno! Quanto ilogismo! Quanta irreligião!

O período é longo, e a confusão ainda maior! Entretanto, a Doutrina Espírita é tão simples!

Vamos tentar dividir o período em diversas proposições, a ver se o leitor nos entende, ao autor e a nós.

Parece que o Reverendo acredita que o Kardec ensinou que Deus cria Espíritos imperfeitos; que a reencarnação avilta; que os seres cometem o mal relativo, porque estão tolhidos em sua liberdade pela rudeza da matéria; e que, criados imperfeitos por Deus, do que não têm culpa, e fazendo o mal por serem reencarnados, recebem castigos atrozes, qual verdadeiro inferno!

Ora, semelhantes disparates nunca foram ditados pelos Espíritos:

1.º Não se ensina em Espiritismo que os Espíritos tenham sido criados imperfeitos, mas simples e ignorantes. Quando se diz que eles não foram criados perfeitos, é porque não são perfeitos os Espíritos ignorantes e simples.

2.º Quando se diz "que o envoltório material é um obstáculo à manifestação das faculdades dos Espíritos", não se tem em vista a moral. A matéria, a esta, não cria obstáculo nenhum.

O que fica obumbrado pela matéria é a memória. O Espírito adquire conhecimentos vários, através de várias existências, mas, quando encarnado, as percepções integrais, a memória integral, a inteligência integral não se manifestam.

Das aquisições do passado apenas emerge no consciente o de que o Espírito necessita para os efeitos do seu progresso.

Todas as interjeições e epítetos que o Reverendo lançou contra o Espiritismo ajustam-se, antes, admiravelmente à doutrina que professa.

Que nos diz ela sobre o importante problema?

Interessante é revoltar-se o abalizado evangelista por ensinarmos que o Espírito é vítima de sua ignorância; mas vítima da ignorância, é vítima do atraso, vítima do próprio erro, vítima da própria culpa, enfim, vítima do que é dele mesmo, que dele promana, enquanto que o emérito pastor preceitua que somos vítimas das faltas de Adão, isto é, de faltas com que não temos nada que ver.

Aí, ilogismo nenhum!

Insurge-se S. Rev.ª contra os castigos atrozes do Espiritismo e nos apresenta o Inferno! Acredita que seria imperfeito um Deus que criasse Espíritos imperfeitos e proclama a predestinação! Considera injusto o Senhor que formasse os Espíritos com a missão de subir pelos seus esforços, e, entretanto, supõe modelo de eqüidade o Deus que forma os seres, uns para a eterna bonança, outros para a eterna desgraça!

Acha aviltante a reencarnação, onde nos vamos aos poucos depurando, e, no entanto, supõe nobilíssimo que nos reabilitemos de repente, sem mérito, sem trabalho, sem esforço de vontade; limpos, mágica, milagrosamente, à custa do sangue e dos suplícios de um justo!

Aí, irreligiosidade nenhuma!

Quando se diz que o Espírito é imperfeito e ignorante, expõe-se um fato patente; a imperfeição dos seres é notória. Não seria preciso, pois, o ensinamento espírita para que dela tomássemos conhecimento.

Se isto é justo ou injusto, não nos cabe discutir, verificamos o fato.

O que não tem base, nem se funda em lei nenhuma de lógica ou de justiça, nem há nada que comprove, são as penas do inferno, é o horror do desespero, sem intercadências nem termo, é a imolação de um justo para libertação dos pecadores; é a salvação pela fé, sem que ninguém saiba como adquiri-la nos limites de uma existência, e dentro da imperfeição e da rudeza dos nossos Espíritos; é a corrupção pelas faltas de outrem, é, em suma, o domínio da iniqüidade e do arbítrio.

Firmado nesses princípios, que têm como uníssimos esteios os versículos mal interpretados, brumosos ou contraditórios das Escrituras, é que o admirável tribuno projeta contra a Doutrina Espírita os dardos fulminantes de sua indignação e do seu talento.

Por todas as partes do seu livro o Reverendo salienta o "absurdo" da Doutrina Espírita, de que Deus cria seres imperfeitos, como se quisesse, pela repetição constante do "dislate", manter acesa a indignação de todos, tornar sempre viva a revolta contra aquela nefanda "heresia".

E, depois, corrige-nos, assegurando com uma energia que parece não oferecer dúvidas:

> A imperfeição do espírito humano originou-se na sua agência livre e não em Deus, como ensina o Espiritismo blasfema e hereticamente.

Que agência livre é essa?

Já vimos que os Espíritos nunca ensinaram que Deus cria seres imperfeitos. A perfeição, estes seres a adquirem através dos tempos e das vidas, acompanhando a lei da evolução, verificável por toda parte, assim no mundo material como na vida das espécies.

Rindo-se das nossas teorias e lançando-lhes as suas diatribes, dir-se-ia que o honrado pastor possui uma noção muito melhor que a nossa sobre a criação e a criatura; que a pode demonstrar; que a perfeição dos Espíritos, logo ao saírem da forja divina, nos aparece clara, patente, lógica, insofismável; que logo se percebe a perfeição criada por Deus. E assim não há como conter a indignação diante do que afirma Allan Kardec.

Principiemos, entretanto, por estudar o catecismo por onde o pastor se guia, a ver se descobrimos aquela perfeição.

Ora, abrindo o "Compêndio de Doutrina e a Igreja", publicado por ocasião do qüinquagésimo aniversário do trabalho presbiteriano no Brasil, lemos:

> Todos os homens pecam. Todos se extraviaram. Não há nem um justo; **não há sequer um.** Se dissermos que não temos pecado, a nós mesmos nos enganamos e não há verdade em nós. Principiamos a pecar quando principiamos a falar. Assim que as crianças começam a fazer atos racionais, também principiam a dar sinais de disposições pecaminosas. Extraviam-se, logo que nascem, falando mentiras. (1)

É da cartilha, pois, que o homem não é perfeito, não nasce perfeito. Se a criança, logo que se pode manifestar, principia a dar sinais de disposições pecaminosas, o pecado lhe é inato.

Vejamos, entretanto, onde estará a perfeição.

Pela doutrina protestante caímos com o pecado de Adão; por esse pecado ficamos totalmente indispostos e daí procedem as nossas transgressões. Nascemos com a marca do pecado, porque a criança, logo que começa a fazer atos racionais, para logo manifesta disposição pecaminosa. Caindo em estado de pecado, o ser não mais se converte por seu próprio poder. Donde se vê que queda, pecado e conversão é tudo independente de nós. Donde vem a agência livre? Pareceria, então, que aquela *agência livre* de que trata o pastor é a do pai Adão.

O rev. J... fala no "homem" que era perfeito, que foi tentado por Satanás, que desobedeceu e caiu do seu estado de perfeição original. O "homem" é aquele venerável antepassado, ou deve sê-lo. E como ele fora criado perfeito, seguir-se-á que todos nós fomos criados perfeitos.

Em síntese, a doutrina é esta: o indivíduo nasce coberto de pecado: as crianças desde pequenas lhe mostram o sinal; mas Adão foi criado perfeito, logo não existe a

(1) Dr. J. M. Kyle: "Comp. de Doutr. e a Igreja", pág. 36.

imperfeição; logo, conclui o Reverendo, é blasfemo e herético o Espiritismo, quando fala da imperfeição do espírito humano. Extraordinário!

Ilustremos o caso: Um indivíduo A nasce com vista; o seu neto B nasce cego. Se se disser que Deus fez a este assim, erramos. Devemos dizer que Deus criou o neto com vista, pois que tinha vista o seu avô; ou que tendo criada originariamente a vista, ninguém nasce cego, ou que a cegueira deve correr por conta do que nasceu assim.

Que isto não é lógica percebe-se, mas é muito interessante!...

Aliás, não adianta pôr às costas do pobre Adão as culpas da Humanidade. A contumélia não salva a doutrina. Porque, se o Criador fabrica uma alma nova para cada criança que nasce, não se compreenderá como surge ela com as máculas avitas.

Antes de encerrar o nosso estudo sobre o pecado e a salvação à luz de ambas as doutrinas, abramos um pequeno parêntese para esclarecer uma das dúvidas do pastor.

Dizia ele que, segundo o Espiritismo, Deus cria Espíritos imperfeitos e os lança na reencarnação, que os tolhe em sua liberdade pela rudeza da matéria.

Seria, de fato, uma injustiça sem qualificação. Mas o ensino espírita é justamente o inverso daquilo. A reencarnação, ao contrário do que assevera o pastor, é meio de progresso, serve à depuração do Espírito e, conseqüentemente, ao seu aperfeiçoamento.

Vejamos o que diz Kardec a respeito da rudeza da matéria:

> 368. — Após sua união com o corpo, exerce o Espírito, com liberdade plena, suas faculdades?
>
> O exercício das faculdades depende dos órgãos que lhe servem de instrumento. A grosseria da matéria as enfraquece. ("O Livro dos Espíritos".)

Pela continuação do estudo do capítulo que tem por título "Influência do Organismo", verifica-se que os Espíritos se referiam aos estorvos que a matéria opõe à livre manifestação da alma e isto nada tem que ver com o mal que o ser pratica, visto como, *"unindo-se ao corpo, o Espírito conserva os atributos da natureza espiritual"*. ("O Livro dos Espíritos", n. 367.)

O mal ou o bem exercidos pelo indivíduo serão conseqüências dos atributos que trouxer: — *O Espírito dispõe sempre das faculdades que lhe são próprias"* ("O Livro dos Espíritos", n. 370) ; mas, devido à rudeza material ou inaptidão do organismo, ele nem sempre as pode manifestar. Assim, a criança terá que mostrar, apenas, as aptidões que o cérebro infantil lhe permitir; o adulto não poderá apresentar tudo o que seu espírito colheu através das várias existências, por lho não consentir o corpo acanhado. Toda a memória do passado jaz nos arcanos da consciência ou da subconsciência, sendo sua expansão completa impedida ou obstada pela rudeza da matéria.

É esse o ensino espírita. A matéria, porém, não põe obstáculos à moral de ninguém, nem contribui para que o Espírito regrida, desde que o Espírito, quando se une ao corpo, "conserva os atributos da natureza espiritual".

De espantar, porém, é que o reverendo se insurja contra esse suposto erro, quando sua cartilha estabelece:

> ... Esta santificação é no homem todo, porém imperfeita nesta vida; ainda persistem em todas as partes dele restos da corrupção e daí nasce uma guerra, contínua e irreconciliável — **a carne lutando contra o Espírito e o Espírito contra a carne**.

Ou quando diz S. Paulo:

> Mas vejo uma lei diferente nos meus membros, guerreando a lei do meu espírito e fazendo-me preso na lei do pecado, a qual está nos meus membros. (Rom. VII, 22, 23.)

Aqui é que se vê a matéria embaraçando o Espírito, desde que um e outro vivem em guerra contínua, a carne lutando contra o Espírito, *o pecado residindo em nossos membros*.

Disse o próprio Cristo que a carne é fraca. As lições do Novo Testamento concordariam, pois, com os erros que o rev. J. G. vê nos ensinos dos Espíritos. Naquelas é que se poderia aplicar o conceito de que a matéria serviria para provocar o mal.

Devemos, porém, dar à letra da Escritura o seu verdadeiro sentido, o qual, aliás, nunca seria achado sem as luzes do Espiritismo e é que, ao contacto com a matéria, as nossas imperfeições despertam e manifestam-se. Mas estas manifestações, para despertarem, é que vinham de longe, o que se percebe pelas vidas sucessivas. A não ser assim, teríamos desmentido o ensino sagrado, visto que, se a fraqueza fosse da carne, por ela não se poderia responsabilizar o Espírito, nem nada tinha ele que ver com isto, e desmentido seria o próprio Cristo, quando afirma que a carne nada vale.

Nem nós compreendemos como pudesse ela valer alguma coisa, tendo, apenas, a vida que o Espírito lhe empresta.

Em suma: Os Espíritos não disseram que o Pai cria seres imperfeitos. Estes seguem a lei natural da evolução: no princípio da carreira humana são atrasados; muitos dos seus erros provêm desse atraso. Se isto significa imperfeição congênita, a culpa é da natureza... ou do Adão, e não da Doutrina Espírita.

O fato é evidente; temos sua mais completa demonstração no estudo das raças; o homem da caverna era um bruto; o selvagem é sem piedade, presa quase dos instintos. Nos povos civilizados é que se notam já os atos de abnegação e altruísmo, as instituições pias, as manifestações de solidariedade, o desabrochar das qualidades elevadas da alma.

O ensino espírita, no caso, além de lógico, assenta nos fatos. Pelo contrário, a tese de que Deus cria seres já perfeitos, pode ser admirável como tese, mas não é demonstrável em parte nenhuma; não a verificamos, acompanhando a trajetória do ser, quer o tomemos no berço, quer o vamos buscar nos primeiros degraus da sociedade, na infância das raças.

Criados pela mesma forma e passando mais ou menos pelos mesmos trâmites, os indivíduos devem ter os mesmos fins. O Espiritismo lhes assinala a felicidade futura. Cedo ou tarde eles se emendarão; a vontade de se corrigirem lhes apressará o progresso. Por essa lei percebe-se a eqüidade do Criador, o que não se perceberia pela das penas eternas, oposta ao do melhoramento gradual com as vidas sucessivas.

Ora, a única base em que os nossos caros antagonistas assentam as suas teorias são as Escrituras. Nessa mesma base, já por si instável, faz-se mister, ainda, uma especial habilidade no jogo das palavras e dos textos para as fazer vingar.

Conhecendo bem a Bíblia, dela se servem os nossos caros adversários, nem sempre com método e ponderação. À maneira de consumados mestres do tabuleiro do xadrez, se nos permitem a comparação irreverente, sacam daqui e dali reforços para a sustentação de determinado tema. Os postulados sibilinos dos livros sagrados não os atrapalham, antes servem à maravilha para escorar os inúmeros preconceitos religiosos a que estão atados e que lhes reduzem, a mais e mais, o ângulo já precário da visão.

Em suas mãos, o Evangelho é uma camisa de força. Nele não se vê aquela construção, toda feita de amor, como foram os ensinos do Mestre, mas um aterrorizador edifício, lúgubre, em que as doutrinas são fabricadas de elementos díspares, apanhados ao folhear das páginas, reunidos como nos jogos de paciência, onde há pedrinhas de vários matizes e tamanhos, as quais vão sendo escolhidas na medida das necessidades.

E com esse edifício, ajeitado de escoras e fabricado de aparas, pretende-se guerrear a Doutrina Espírita, que surge de interminável seqüência de provas, sopradas de todas as partes do mundo.

*

Da condenação eterna.

Quando, apesar de todas as combinações, os textos não dizem aquilo que os nossos oponentes desejam, ou quando se contradizem, ou quando são obscuros, não têm eles dúvida em conciliar os embaraços e apagar as dificuldades. Entra, então, aí a exegese, que não consiste em esclarecer o passo da Escritura, senão em encaixá-lo a martelo dentro do que se quer, embora o lance apontado afirme o absolutamente inverso do que se tem em vista.

Não admira, pois, que os reformistas e os romanistas encontrem a condenação eterna na Bíblia, quando Cristo afirmava que veio salvar o mundo; "quando nenhuma das ovelhas do Senhor se perderá"; quando o Senhor, segundo Ezequiel, não quer a morte do ímpio, mas que ele se regenere e salve (XXXIII, 11); quando a vontade do Pai é que não se perca nenhum dos que ele deu ao Filho (João, VI, 37-39); quando é ainda de sua vontade que não se perca nenhuma destas crianças (Mateus, XVIII, 14); quando Deus não enviou seu filho ao mundo para julgá-lo, mas para que o mundo seja salvo por ele (João, III, 17); quando o Filho do Homem veio, não para perder as vidas, mas para as salvar (Lucas, IX, 56); quando o Senhor usa de paciência para *com todos,* não querendo que *nenhum* pereça, mas que *todos* venham à penitência (2.ª Pedro, III, 9); quando o nosso Salvador quer *que todos os homens* sejam salvos e que venham ao conhecimento da Verdade (Paulo, 1.ª a Timóteo, II, 3-4); quando, enfim, de toda a leitura evangélica se percebe que o fim do Criador é a salvação da criatura.

Entra aí o jogo de paciência: na Bíblia se usa a palavra *eterno,* mas o eterno hebraico não queria dizer uma duração infinita, senão uma longa duração. Como, porém, em certos textos se emprega o mesmo vocábulo em durações que podem ser infinitas, os nossos irmãos não duvidam assegurar que o "eterno" dos hebreus há de ser sempre infinito e, daí, o firmarem-se nas "penas do Inferno" e ajeitarem os demais passos escriturísticos à feição daquelas penas.

Entretanto, com outros vocábulos já não têm eles a mesma intransigência: o *sheol* pode ser inferno ou sepultura; é conforme... O *justo* tem significações várias.

E por defender-se o Inferno, quanta heresia! Assim, p. ex., segundo o critério das Igrejas, quando se diz que Cristo *veio salvar o mundo,* quer dizer-se que ele veio salvar... *"os que querem ser salvos,* que ele não salva ninguém à força". Como se vê, muito parecido.

Mas, ao que se nota, quase ninguém quer ser salvo, e temos o Divino Mestre perdendo a sua missão e o seu tempo; e o salvamento do mundo, pelo exposto, não passa de uma burla.

Quando se afirma que o Pai quer a *salvação de todos,* isto não significa que todos sejam salvos, nem que ele queira, de fato, aquilo que ele diz querer — proclamam, ainda, as Igrejas. E para justificar tal contra-senso, entra-se num emaranhado de argumentos e num malabarismo de palavras, donde o que há a concluir é que a vontade do Pai é assim como a de certos chefetes planetários, sem força, sem prestígio, sem moral.

Sempre o jogo de paciência... Vejamos, mais, como o rev. J... exercita essa paciência no referido jogo.

Diz ele, contraditando um nosso confrade, quando este antepunha à doutrina do Averno a frase do Nazareno de que vinha salvar o que havia perecido:

> Afirmamos ser impossível empanar o brilho da verdade que se nos depara nos vers. do cap. XXV de S. Mateus.
>
> Uma prova afirmativa temo-la na **impropriedade das citações escriturísticas** feitas pelo nosso oponente. Como espécimen desta impropriedade, tomemos um dos 1º textos citados por S. S. Seja este: **Eu vim salvar o que havia perecido.**
>
> Expressivo texto para refutar as negações espíritas!...
>
> **Salvar!** Mas salvar de que, dr., se não há perdição, se não há inferno como ensina o Espiritismo?!
>
> Que valor tem este verbo — revelador de uma salvação, de um salvador pessoal e único — para o Espiritismo que ensina a purificação dos Espíritos por meio de uma reencarnação sem fundamento, sem razão de ser e antibíblica?
>
> Para o E. que nega a divindade de Jesus e a eficácia do seu sangue purificador de todo o pecado?

Teria, talvez, razão, nos seus argumentos, o autor de "O Espiritismo Analisado", se SALVAR significasse — já não dizemos tirar do inferno —, porém, *impedir de ir para o inferno.*

A interpretação que o reverendo dá ao citado verbo é inteiramente arbitrária. A acepção em que o toma é inteiramente sua.

Que este verbo seja "revelador de um salvador pessoal e único" e que implique unicamente em salvação do inferno é definição que não conhecem os léxicos, a menos que o caso seja um segredo do grego, do hebraico, ou do aramaico...

Mas, até onde vão os nossos conhecimentos, parece que tal não se dá.

Ora, salvar é impedir que o indivíduo se perca por qualquer coisa. Salva-se a pessoa que está a cair num abismo, a que está prestes a queimar-se, a que pode afogar... Salva-se a criatura de um perigo, qualquer que ele seja — de um simples acidente, ou da morte. Salvar, do latim, *salvare, salvus* (seguro), de *salus, salutis* (saúde), no grego *althô* (remediar), ou *alexô* (defender), é livrar da ruína, do dano, do inimigo, da sepultura.

Salvam-se os bens, a fazenda, a honra, a reputação. Salva-se um negócio, como se salva uma pessoa.

Tem, pois, enorme amplitude a acepção do vocábulo. Assim veio ele do latim e do grego.

Por que razão, quando o Cristo nos diz que veio salvar a Humanidade, estava a afirmar-nos que a vinha salvar do inferno?...

"Salvar de que, se não há perdição, se não há inferno?" — indaga o pastor.

Salvar de quê? Salvar do erro, salvar da ignorância, salvar do embrutecimento, salvar do egoísmo, salvar da maldade, salvar, enfim, das manchas que entenebrecem o espírito humano.

E esta salvação só poderá vir pela forma que parece absurda ao distinto escritor — por meio da reencarnação, pelas diversas fases de uma vida evolutiva — porque, a não ser assim, o Cristo teria faltado flagrantemente à verdade, visto como vemos morrerem os homens carregados de culpas.

Se ele diz que veio salvar o mundo e o mundo se perde, ele não só declararia o que não se realiza, como falharia na sua missão.

Absurda parece, aos olhos do nosso irmão, a Doutrina Espírita que "nega a eficácia do sangue do Cristo, purificador de todo pecado". Ao contrário, pensamos nós que o ensino protestante da purificação pelo sangue do Cristo ainda se mantém, porque a mentalidade humana está no mesmo nível de suas fraquezas morais.

Não fora assim, o erro da tese dispensaria qualquer demonstração.

Por que espírito lúcido poderá passar a idéia de que, para resgatar as faltas de suas criaturas, necessitasse o Criador imolar um inocente?

E que fraqueza de processo!

*

Mas, que salvaria o Divino Mestre, se não fosse a purificação dos Espíritos por meio de uma reencarnação? Que salvaria, se os limites da vida devessem confinar-se entre o primeiro gemido no berço e o último suspiro na sepultura?

Ora, todos sabem o que é o homem: eminentemente mau, eminentemente egoísta. Sabe-o a própria doutrina do pastor. Por onde ele passa deixa sempre o sulco da sua danosa passagem.

Se lhe não vemos constantemente as ações perniciosas, reflexo da alma que possui, é porque se encontra ele contido pelas coerções da sociedade.

Por pouco que essa coerção afrouxe, temo-lo cometendo toda sorte de iniqüidades, toda uma série espantosa de crimes.

Abram-se as páginas da História Universal; elas são um receptáculo de horrores! Tomemos uma época qualquer para exemplo: a da Revolução Francesa.

Viam-se, em princípio do reinado de Luís XVI, todos os homens como eles são hoje ou parecem ser: indo a seus afazeres, pacatos, inócuos.

Surge, entretanto, o grito da fraternidade e em seu nome começaram as matanças. Cada cidadão ou cada cidadã se transformou numa fera.

Matava-se por todas as formas. A guilhotina já não bastava. Já não bastavam os fuzilamentos; já eram insuficientes os canhoneios, onde as vítimas se viam metralhadas em massa. Maquinaram-se os afogamentos: os porões dos navios carregados de carga humana eram abertos em alto mar. A imaginação não parava na invenção de torturas e morticínios. E a massa popular exultava com a hecatombe.

Não falemos na Inquisição, nas lutas religiosas... Sem ir muito longe, lancemos a vista a qualquer cidade civilizada; levante-se aí um motim, empalideça a ação repressiva e logo todas as violências se cometerão.

Chame-se alguém a prestar o seu concurso gratuito a qualquer construção; ninguém se apresentará. Mas, se tratarmos de lançar fogo ao que quer que seja, milhares de braços virão pressurosos, alegres, à obra de depredação e esbulho.

A Humanidade, que assistia, delirante de prazer, nos tempos do circo romano, ao combate dos gladiadores — onde o vencido era sacrificado —, ainda vai hoje à praça de touros deleitar-se com o divertimento selvagem de ver abater o animal, ferido por dezenas de golpes, ou à briga dos galos, prazerosa sempre quando há um bonito golpe, isto é, quando um escabuja cego ou agonizante, ou quando isto acontece a ambos.

E fica-se nisto, por não haver coisa pior. Quando as execuções eram públicas, o povo, como no dia das grandes festas, paramentava-se para gozar o espetáculo.

Para obrigar as criaturas aos seus deveres é preciso um enorme aparelhamento judiciário. Deixe alguém de cercar-se de garantias nos seus contratos, e é para logo enganado.

O *forum* é um formigueiro humano. As contendas se multiplicam. As leis buscam revestir-se de severidade.

É a preocupação constante de evitar a fraude, de tal maneira ela campeia.

As penitenciárias estão repletas, os tribunais não têm mãos a medir; por toda parte existe a precaução e a força.

A hostilidade é a lei que impera. Herculano afirmou, com razão, que o homem é o animal que briga. Os seres, de fato, vivem disputando. Não se vê harmonia em lugar nenhum. Os indivíduos não se unem pelo fato da raça, ou da língua, ou da religião, ou da pátria, ou mesmo dos ideais. Eles se encontram em perpétua discórdia, injuriando-se, maltratando-se, agredindo-se. Não há fator que os faça fraternos e mansos. Não há sociedade, pequena, como a da família, ou grande, como a do país, em que as rixas não se levantem. Elas irrompem por toda parte.

Lutam os homens, indivíduo a indivíduo, sociedade contra sociedade, nação contra nação.

A Terra vive abalada pelos conflitos. Não se registra um minuto, notam os historiadores e os filósofos — sem que haja uma guerra na face do globo, seja ela civil ou internacional.

Combate-se sempre em algum lugar do planeta, quando não se combate em quase todos e em todos os elementos, na terra, na água e no espaço, como na formidável tragédia de 1914. Dir-se-ia o domínio completo de Marte e da Morte.

E as vitórias que resultam são simplesmente as da força.

Perscrutemos a alma humana: ela é uma vasa de impurezas.

"Há no espírito, dizia Ruy Barbosa, detritos perpetuamente renováveis, que não se extinguem, e que aparecem como as lavas de um vulcão."

As inferioridades de toda a raça planetária patenteiam-se nos vícios de que está gafada, exteriorizam-se nas formas do egoísmo, explodem nos atos de violência e devastação, manifestam-se nos crimes de que está referta a sua história.

Pois toda a delinqüência será resgatada, será salvo todo o pecado?

Irá o Céu ser povoado pela multidão dos malfeitores?

Impossível, é claro. E, então, que veio o Cristo cá fazer?

Não redundou, então, a sua vinda em pleno fracasso?...

Sim, porque os bons são os casos raros, são as exceções. As gerações se sucedem e nas multidões que as compõem aponta-se um ou outro varão impecável.

Mas, salvará o sangue do Cristo toda esta Humanidade odienta e má?

Dizem as Escrituras que os iníquos não entrarão no Céu.

Mas, se a salvação fosse para os raros virtuosos que pisam o chão do planeta, teria sido inútil todo o drama do Gólgota, mendaz a afirmativa do Mestre de que nos veio salvar, falida, positivamente falida, a sua missão.

Impõe-se, pois, a Doutrina Espírita, onde a razão se perde a divagar no absurdo, ou a especar-se no inverossímil.

O Cristo veio ao mundo deixar ao mundo os seus ensinamentos.

Se os não entendemos, ou os não seguimos hoje, havemos de segui-los ou entendê-los algum dia. Só podemos compreender a ação do Cristo, através do processo da reencarnação. É necessário que o Espírito esteja caldeado no sofrimento milenário, trabalhado pelas lições das vidas sucessivas, para que nele possa germinar a semente do Evangelho.

Certos de que a dor e a experiência farão um dia sua obra, que é abrir o entendimento do homem aos preceitos do Mestre, compreendemos, e só assim, a grande verdade do seu dito: — *Eu vim salvar o que havia perecido.*

*

Temos que, de um lado, se afirma que Jesus veio salvar o que havia perecido, e, do outro, se mantém o Inferno.

E a incoerência explica-se; é só folhear as Escrituras. Os nossos antagonistas encontram lá a saída: em S. João, p. ex., onde se prescreve que "o que crê no Filho terá a vida eterna". Tudo resolvido: os que se salvam são os que crêem, e daí o célebre princípio reformista da salvação pela fé.

Se interpretarmos, porém, a expressão "crer no Filho" e todas as demais que se lhe assemelham, como crer que é verdade o que ele diz e estabelece, e, portanto, seguir-lhe os ensinamentos, ficará tudo esclarecido sem desmentir Ezequiel, nem João, nem Mateus, nem Lucas, nem Pedro, nem Paulo... Sem colocar o Senhor em má situação, com vontades que não se cumprem, sem fazer da missão de Jesus missão falida.

É a fé que salva, asseguram os protestantes.

Entretanto, a própria cartilha declara que a fé não depende de nós. Veja-se o Compêndio de Doutrina:

> Porque a Bíblia ensina que a fé e o arrependimento são dons de Deus.
>
> "De graça sois salvos pela fé e isto não vem de vós, é dom de Deus." (Efésios, II, 8.)
>
> Porque vos foi concedido, por amor de Cristo, não somente o crer nele, mas ainda o padecer por ele. (Filip., I, 29.) (**Doutr.** pág. 38.)

E mais:

> É porém claro que a eleição de que fala a Bíblia assegura a salvação. Deus chama os que predestina, justifica os que chama e glorifica os que justifica.

A fé que salva, está-se a ver por ali, foi dada aos predestinados.

Reforça, ainda, a Cartilha:

> Deus escolheu alguns para a vida eterna. Deus os escolheu para a salvação por meio da fé. (Comp. pág. 102.)

Claríssimo, por tudo que acabamos de ler na Cartilha, que somos salvos pela fé, e como a fé é dom de Deus, que desde o princípio já havia feito a sua escolha (II. Tess.,

II, 12); como desde o começo já havia eleito Ele os que queria salvar, continuamos não sabendo em como se haverá o irmão J. G. com aquela *agência livre* — que afirma possuirmos todos nós por intermédio de Adão —, agência por onde nos salvaremos, ou perderemos.

E ainda por todo o exposto e ensinado ficamos sem compreender a razão do incomensurável sacrifício do Cristo.

Porque o sacrifício foi imenso para um resultado mínimo: salvar os que têm fé, que são em número reduzidíssimo.

Porque o sacrifício foi imenso, para um resultado inútil: salvar os que já haviam sido escolhidos por Deus, desde o princípio, para a salvação.

Porque o sacrifício foi imenso para um resultado já obtido; desde que os salvos já estavam eleitos.

Porque o sacrifício foi imenso para um resultado enganoso: salvar os que tinham fé, quando a própria fé já é elemento salvatório.

Finalmente, porque o sacrifício foi imenso para um resultado injusto: salvar os crimes da Humanidade pelas dores de um inocente.

É em nome desta tese pouco compreensível, na altura em que já vai o nosso entendimento, que se ergue o ardoroso polemista, rev. J. G., para esmagar a Doutrina Espírita, onde há o ensino racional de que o homem se vai erguendo aos poucos e aos poucos dominando os sentimentos pela vontade e expungindo as impurezas pela dor.

Outro ilustrado pastor; tão notável por sua cultura como por suas qualidades morais, o reverendo Galdino Moreira, perguntava-nos, em carta amistosa, como poderíamos conciliar a doutrina da reencarnação com a de que nos salvamos pelos ensinos do Cristo. Se são estes ensinos que salvam — comenta o nosso amigo —, por que a reencarnação?

A resposta é simples: já o dissemos: porque a reencarnação é que prepara o indivíduo para receber aqueles ensinos, como a charrua prepara a terra para receber a semente.

As vidas sucessivas preparam o Espírito e o adubam como o agricultor prepara e aduba o solo. O espírito inculto não está apto a receber as lições do Divino Mestre. O bruto não poderá apreender as belezas do Evangelho. Pela sua sensibilidade é que o ser assimila e aceita as noções de moral e a sensibilidade é fruto do tempo. Com o decorrer das existências, o espírito se aperfeiçoa, a inteligência se aprimora, e esse espírito que era carvão, lapidado pelo buril dos séculos, transforma-se em pedra de peregrino esplendor.

No coração humano, desbastado de suas impurezas pelo perpassar das vidas, cai a semente evangélica. Está ele regado pelo rocio das lágrimas, fortalecido pelo sal das dores, aquecido pelo sol da experiência e, nestas condições, é que a semente pode germinar.

*

Necessariamente, dentro dos velhos postulados religiosos nada perceberíamos do mecanismo divino. Mas se soubermos que o progresso espiritual é conseqüência da evolução; que o homem, a princípio, age de acordo com seus instintos e suas fraquezas; que as quedas são o escândalo que há de vir, mas que têm como conseqüência o sofrimento, que é o grande purificador, o crisol da alma; que, depois de esclarecida, pode a criatura auxiliar o próprio aperfeiçoamento com o seu livre-arbítrio e o conseguirá dominando os instintos e ferezas animais que vieram de longínquos avatares; se pudermos compreender todo esse processo lento, gradativo, evolutivo, onde a dor é sempre meio de avanço e o esforço individual, inestimável auxiliar, chegaremos à conclusão de que tudo obedece, dentro da mais escrupulosa justiça, a determinadas leis, as quais não fogem ao império da soberana vontade de Deus.

Para terminar este capítulo, que trata das *penas eternas*, apresentamos, como dourado fecho, o estudo, a seguir, do brilhante escritor Sousa do Prado, onde, em admirável síntese, ele esgota o assunto.

O INFERNO NÃO EXISTE

Resposta a um pastor

I

As raríssimas pessoas, que se tenham dado à pachorra de ler tudo que temos escrito desde que ingressamos no Espiritismo, hão de ter reparado em que, embora combatendo ininterruptamente a Igreja Católica, nunca discutimos com os pastores protestantes.

A explicação é simples: nós não combatemos, nem discutimos religiões. Quem se achar bem com a que tem, que continue com ela, na santa paz do Senhor, visto que "muitos são os caminhos que levam à casa do Pai".

O que nós combatemos, sem tréguas, são os exploradores das religiões e de seus respectivos adeptos, estejam eles onde estiverem: no catolicismo, no espiritismo, ou seja onde for.

E o que é fato é que, enquanto alguns padres católicos vivem explorando os crentes por todos os meios e formas, e, mesmo ao Espiritismo há muito quem o explore, dizendo-se Espírita, embora o não seja; o que é fato, dizíamos, é que o pastor protestante, embora viva do protestantismo — do que discordamos — não faz, por via de regra, da religião, um meio de explorar os incautos.

Daí o não combatermos os pastores protestantes, por quem sentimos, aliás, uma certa simpatia, que provém do fato de serem eles os maiores divulgadores das Sagradas Escrituras.

Se não fossem eles não teríamos nós, cinco exemplares de várias edições da Bíblia, comprados por preços verdadeiramente insignificantes. Honra lhes seja, pois.

No entanto, se os reconhecemos como os maiores divulgadores das Sagradas Escrituras, pesa-nos não os poder reconhecer também como os seus melhores interpretadores.

Os católicos não estudam, nem raciocinam: os protestantes estudam talvez demais; ou, antes: estudam, mas agarram-se demasiado à letra do que estudam, tendo de chegar, por isso, a conclusões, que nem sempre podem ser aceitas.

Nesse caso, está um bem elaborado artigo do Rev. Armando Ferreira, publicado em "O Novo Friburgo", de 28 do mês findo, que a gentileza de um amigo acaba de nos fazer chegar às mãos, pedindo-nos explicações a respeito.

Referindo-se a um artigo que, no mesmo jornal, havia publicado o nosso confrade, Sr. Henrique Zamith, negando a existência do *inferno com penas eternas,* o referido pastor presbiteriano diz-lhe que "vai responder ao Sr. Zamith, *com toda a candura,* o próprio autor da doutrina do inferno", e, depois de o convidar a abrir os Evangelhos, cita, com uma *candura* realmente digna de admiração neste século de incredulidade, vários versículos de Mateus, de Marcos e do Apocalipse, onde se lêem, repetidas vezes as palavras "eterno pecado", "tormento eterno", "fogo que nunca se apaga", e onde se lê, até, que "o diabo, a besta e o falso profeta, de dia e de noite serão atormentados para sempre".

Ora, realmente, para quem tomar as coisas muito à letra, tais provas se não forem de todo concludentes, são, pelo menos, impressionantes.

Nós, porém, lembraremos ao Rev. Armando Ferreira, que, mesmo para quem tomar as coisas muito à letra, os vocábulos *eterno* e *eternamente,* nem sempre têm sentido absoluto, isto é: nem sempre se referem a coisas que não tiveram princípio e não terão fim.

É, pelo menos, a opinião dos dois melhores dicionaristas da língua portuguesa. Assim é que nós vemos, por exemplo, no Morais (2.ª edição, é claro, que as seguintes só têm nome dele na capa...), no artigo *"Eternizar,* fazer eterno: no fig. *fazer que dure muito tempo:* v. g. eternizar seu nome: *"eternizando-se a dor".* Menina e Moça. Págs. 2".

Em Cândido de Figueiredo, encontramos nós, além de outras significações e sentidos, os seguintes: "*Eternidade: duração longa. Eternizar:* fig.: *prolongar indefinidamente. Eterno: que tem duração indefinida; que não se sabe quando finda; enorme, desmedido.*"

Temos, pois, para tais vocábulos, um sentido próprio, e vários sentidos figurados. E, se o Cristo *parabolizava tudo,* o que quer dizer que, geralmente, as suas palavras tinham um segundo sentido, *um sentido figurado,* não nos parece que o ilustrado pastor possa provar que o Cristo não empregou, ali, esse mesmo sentido figurado.

Além do que, falta saber-se, *com certeza,* se o Cristo disse aquilo mesmo, visto que os evangelistas escreveram tudo isso muito depois de Ele ter sido crucificado; e, mesmo o que os evangelistas escreveram... *desapareceu, foi queimado...*

> Fala-se em "manuscritos originais", quando de fato, entre todas as Sagradas Escrituras, *não existe original algum, nem do Velho Testamento, nem do Novo.* Quando uns se tornaram velhos foram copiados (por quem?...) *e os originais enterrados ou queimados* pelos próprios amigos da palavra de Deus. Outros *foram destruídos pelos inimigos* durante as guerras e perseguições, que o antigo povo de Deus sofria de tempos a tempos.
>
> Mesmo quando o Novo Testamento foi escrito, *parece que os documentos originais do Velho estavam perdidos.* Conseqüentemente, *quando a Bíblia completa foi compilada pela primeira vez, consistiu em cópias hebraicas do Velho Testamento — junto com uma tradução grega, conhecida pela Septuaginta, que significa, setenta, porque foi feita por setenta homens.* (John Mein, "A Bíblia e como chegou até nós", pág. 36.)

Já vê o Rev. pastor que, depois de *tanta gente* ter andado a *enterrar* e a *queimar originais,* e a *traduzir cópias,* etc., não é das coisas mais seguras afirmar que o Cristo disse *textualmente* o que lhe atribuem...

A Bíblia, pois, é base pouco sólida para estribar afirmações, e quando outros indícios não houvesse a tal respeito, bastariam, para o demonstrar, as incongruências que nela se encontram.

É, até, por isso, que o nosso colaborador e amigo Oliveira Guimarães está escrevendo, para o "Heraldo", as "Incongruências das Sagradas Escrituras".

E, como exemplo, aí vai uma:

> "Então falou Josué ao Senhor naquele dia em que entregou os amorreus nas mãos dos filhos de *Israel,* e disse em presença deles: *Sol detém-te sobre Gabaon; e tu Lua, pára sobre o vale de Ajalon. E o Sol e a Lua pararam, até que o povo se vingou* de seus inimigos. Não está isto escrito no livro dos justos? Parou pois o Sol no *meio do céu,* e não se apressou a pôr-se durante o espaço de um dia. Não houve, nem antes, nem depois, um dia tão comprido, *obedecendo o Senhor à voz de um homem e pelejando por Israel."* (Josué, X-12 a 14.)

Ora o Rev. Armando Ferreira sabe tão bem como nós que tudo isso que aí fica é... uma história muito mal contada, mais ou menos como a que inda hoje se conta a respeito do *inferno com penas eternas.*

O Sol não parou, simplesmente porque já estava parado, visto que, relativamente à Terra, nunca andou.

Muito menos poderia parar *no meio do céu* pelo simples motivo de que *o céu não tem meio,* porque o espaço é infinito, não tendo, pois, princípio, *nem meio,* nem fim.

A Lua também não podia ter parado sem provocar o desequilíbrio do sistema planetário!

Por outro lado, supor que Deus se podia associar às vinganças dos homens, "obedecendo à voz de um homem", é tudo quanto há de mais ridículo e de mais absurdo; que é para lhe não chamarmos coisa pior...

Da Bíblia, pois, só se podem aproveitar os bons ensinamentos, que, passados pelo cadinho do raciocínio, não caiam pela base.

E *o inferno com penas eternas*, como o compreendem os protestantes e os católicos, cai com o primeiro sopro da lógica!...

Pode-se dizer, realmente, que as penas são eternas, porque eternamente haverá culpados, e, conseqüentemente, eternamente haverá quem sofra; mas o que não pode haver é quem sofra eternamente.

Parece a mesma coisa, mas não é... Quase desde que há mundo, há prisões; o que não há é quem tenha estado nessas prisões desde o princípio do mundo, e lá fique até que o mundo acabe!

O inferno é a nossa consciência; é o remorso que nos acompanha sempre, depois que cometemos um crime, e enquanto o não resgatarmos.

O *inferno eterno* esboroa-se ao contacto com o mais leve raciocínio.

Qualquer dos mortais, mesmo que seja uma fera, como foram os padres de S. Domingos e os jesuítas, seria incapaz de condenar o seu pior inimigo a sofrer eternamente. Será que Deus é inferior ao mais feroz de entre mortais?!

Que a grandeza do crime está em proporção com a importância da entidade contra quem é cometido, afirmam os protestantes. Não sabemos bem por quê. Supondo, porém, que assim seja, teremos de admitir que Deus é inferior ao rei de Espanha, Afonso XIII, que sempre indultou da pena capital os que atentaram contra a sua vida!

E isso é uma blasfêmia.

Convença-se o nosso irmão pastor de que a Bíblia não se refere ao *sofrimento eterno do condenado*. Se conseguissem convencer-nos de que é isso o que a Bíblia afirma, nós a renegaríamos como falsa; e se nos provassem que ela é autêntica, nós renegaríamos o próprio

Deus, porque não podemos adorar uma entidade cujos sentimentos de amor, justiça e misericórdia sejam inferiores aos nossos.

E se há um Deus capaz de condenar uma de suas criaturas a sofrer eternos horrores por uma falta momentânea, cometida seja contra quem for, então esse Deus está muito abaixo das solas dos nossos sapatos. Nós nos julgaremos, por isso, muito superior a um tal Deus!...

As Sagradas Escrituras estão cheias de *casos* de pessoas que foram *fulminadas* por blasfemar; há alguns, até, que, sempre que querem extorquir dinheiro aos ignorantes, os ameaçam com tais fulminações. E vejam o que são as coisas: nós escrevemos assim, sem o menor receio de ser fulminado, e com menos receio ainda de ir para o tal *inferno com penas eternas!...*

II

Depois que, em junho próximo passado, e sob o título acima, escrevemos um artigo acerca da existência do *Inferno* para rebater afirmações do pastor presbiteriano, Rev. Armando Ferreira, esperávamos que este, de acordo com o que pessoalmente nos prometera, respondesse ao nosso referido artigo, anulando os nossos argumentos.

Infelizmente, porém, ou porque as muitas ocupações do pastor lhe não permitiram dispor de um pouco do seu precioso tempo para o cumprimento de sua promessa, ou porque temos a má sina de não merecer a ninguém as honras de uma resposta ao que escrevemos — salvo os casos raríssimos em que, um ou outro nos tem *respondido* para nos caluniar — o que é certo é que, com conhecimento nosso, o nosso bom amigo Armando Ferreira, a despeito de já se terem passado seis meses, nada nos disse a tal respeito.

Lamentamo-lo sinceramente por dois motivos: o terem-se privado os leitores de uma das boas páginas que costuma produzir o referido pastor presbiteriano, que é um dos melhores polemistas do protestantismo: e o termos perdido nós um bom ensejo para dizer sobre o assunto mais algumas palavras, que julgamos necessárias ao esclarecimento completo da matéria.

Se, porém, não podemos dar remédio à primeira das duas coisas, por não nos ser possível transmitir aos leitores o que haveria de escrever o ilustrado pastor; nada nos priva de remediar a segunda, continuando a tratar do assunto, embora estejamos condenado a suceder-nos como sucedia a "Santo" Antônio, quando pregava aos peixinhos...

Haja, porém, alguns *peixes,* a quem aproveite o que escrevermos, e daremos o nosso tempo por tão bem empregado, como por bem empregado o deve ter dado o grande "taumaturgo"...

III

Gostamos pouco de discutir baseado na Bíblia, porque, além de a conhecermos mal, encontramos nela, como já dissemos e provamos, de mistura com os mais santos e sábios ensinamentos, os mais descabidos e inaceitáveis absurdos, principalmente quando se queira, como sucede com alguns de nossos irmãos protestantes, aceitar à letra tudo que ela diz.

No entanto, e apesar de todos os pesares, parece-nos não ser necessário sair da Bíblia para demonstrar que não há *penas intermináveis para qualquer condenado.* Há, como já dissemos, penas eternas, porque sempre haverá quem sofra; mas o que não pode haver é quem sofra eternamente.

Já demonstramos que os vocábulos *eterno* e *eternamente* não têm, em português, somente o significado absoluto que lhes atribuem os protestantes e os católicos. Melhor o provaremos, porém, com as palavras das Sagradas Escrituras, em que uns e outros se baseiam.

Lá está, bem claro, no Êxodo, capítulo XV, versículo 18:

Dominus regnabit *in aeternum et ultra.*

Que o padre Antônio Pereira de Figueiredo traduziu:

O Senhor reinará *eternamente, e além da eternidade.*

João Ferreira de Almeida verteu:

O Senhor reinará *eterna e perpetuamente.*

Por sua vez, o padre Felipe Scio de S. Miguel afirma-nos:

El Señor reynará *eternamente y mas allá.*

Ora, a nós, que não somos exegeta, nem hermeneuta, parece-nos que, se o Senhor há de reinar *além da eternidade, eterna e perpetuamente, eternamente y mas allá, in aeternum et ultra,* é que, *depois da eternidade, há ainda alguma coisa, que não terá fim; o que deixa claro que a eternidade o tem,* pelo menos em muitos dos casos em que o vocábulo foi empregado nas Sagradas Escrituras.

É verdade que a Bíblia fala de *"fogo que nunca jamais se apaga"* (Marcos, IX, 42 a 47), e isso demonstra, segundo pensam os protestantes, que o tal fogo, que é o do *inferno,* não acabará nunca, *embora não demonstre que haja alguém que, uma vez lá caído, de lá não saia mais.* E, assim, *parecerá* que, pelo menos parcialmente, a nossa tese vai por terra.

Mas... do *parecer* para o *ser,* a diferença não é de todo desprezível... E, se continuarmos a ler o Êxodo, teremos de concluir que a Bíblia está repleta de frases em sentido figurado, e que, portanto, "o fogo que nunca jamais se apaga" não é senão, além de um desses sentidos figurados, um exagero dos tais que bradam aos céus...

Lá encontramos, por exemplo:

> Porém, se o escravo disser: eu tenho amor ao meu senhor, a minha mulher e a meus filhos; não quero sair forro: seu senhor o fará comparecer diante dos deuses (juízes); e, depois, tendo-o chegado às ombreiras da porta, lhe furará a orelha com uma sovela, *e ele ficará seu escravo para sempre (et erit ei servus in saeculum)* (Êxodo, XXI, 5 e 6).

De onde se há de concluir logicamente, pela exegética protestante, que, enquanto os condenados não saírem do *inferno,* não deixarão os escravos, a que se referem os versículos transcritos, de servir a seus senhores.

Servi-los-ão *para sempre* (in saeculum)!

Há de dizer-nos — se disser alguma coisa — o Rev. Armando Ferreira, que o *saeculum* latino tem várias significações, e que uma delas é *duração da vida.* Nós já sabemos disso; mas, com o *eterno* e *eternamente,* dá-se precisamente a mesma coisa; além de que, se nos fizermos hermeneuta à protestante, nada nos custará afirmar que a *vida* a que se refere a *duração* de *saeculum saeculi,* pode muito bem ser a *vida eterna...*

Naturalmente, salta aos olhos que isso tudo são absurdos, e... duas coisas iguais a uma terceira são iguais entre si...

O Gênesis (XLIX, 26), o Deuteronômio (XXXIII, 15) e Habacuc (III, 6) dão-nos notícia de uns certos *outeiros eternos,* que hão de ter fim, pelo menos quando o mundo acabar...

O apóstolo Pedro ensina-nos, em sua segunda epístola:

> E se Deus não perdoou aos anjos que pecaram, mas, tirados pelos calabres do inferno, os precipitou no abismo, *para serem atormentados,* e tidos como reserva *até o juízo.* (II, 4.)

O que demonstra, evidentemente, que eles, os anjos que pecaram, *só permanecerão no inferno até o juízo...*

Para nós, não é bem isso, mas, para quem aceita a Bíblia à letra, como os protestantes, não pode ser outra coisa.

Aliás, o próprio David nos transmite a sua esperança de que o Senhor *não deixará, não abandonará a alma de Jesus no inferno,* segundo se vê do Salmo XVI, versículo 10!...

E essa esperança não era de todo baldada, porquanto *Jesus, tendo estado no inferno, saiu de lá!*

Varões israelitas, ouvi estas palavras: A Jesus Nazareno, varão aprovado por Deus entre vós, com virtude e prodígios e sinais que Deus obrou por ele no meio de vós, como também vós o sabeis; a este, depois de vos ser entregue pelo decretado conselho e presciência de Deus, crucificando-o por mãos de iníquos, lhe tirastes a própria vida; *ao qual Deus ressuscitou, soltas as dores do inferno, porquanto era impossível, que por este fosse ele retido.* (Atos, II, 22 a 24.)

*

Mas, afinal, o *inferno* é um lugar subterrâneo, em que, segundo a Mitologia, habitam as almas dos mortos *(bons ou maus);* é o lugar que, segundo o Cristianismo (aliás, catolicismo e protestantismo), é destinado ao suplício das almas dos condenados; é coisa penosa, muito desagradável; é lugar de vida de desordem, ou confusão; é desordem; é tormento; é poço que recebe os resíduos líquidos do fabrico do azeite; é cavouco, ou lugar, onde gira o rodízio das azenhas; é sorvedoiro, onde cai a água, depois de mover a roda do moinho, ou o monjolo. (1)

Inferno é *Sheol,* que, nas Sagradas Escrituras, em diversos lugares, é traduzido, ora como *inferno,* ora como *sepultura,* ora como *sepulcro;* e *Sheol* é também o lugar para onde vão as almas dos mortos, *sem distinção de bons, ou maus, de felicidade, ou sofrimento.*

Sheol é o *Hades*, que, por sua vez, significa *morte.*

Gehenna (Ge Hinnon, ou *Vale de Hinnon),* também traduzido, na Bíblia, como *inferno,* era um lugar perto de Jerusalém, onde, pelo fogo, eram cruelmente sacrificadas as crianças ao deus Moloch, ídolo dos amonitas (2). Sentido figurado, no caso...

O que o *inferno* não é, como ficou provado, é um lugar para onde a justiça, a misericórdia e o amor de

---

(1) Conf. C. de Figueiredo, "Novo Dic. da Língua Portuguesa".
(2) Idem, A. R. Buckland, "Dic. Bíblico Universal".

Deus, nosso Pai e Criador, possa mandar algum de seus filhos, para qualquer sofrimento, *e muito menos para um castigo que nunca mais tenha fim.*

Isso só poderá caber na cabeça daqueles que, denunciando o seu atraso, querem fazer um deus à imagem do homem, em vez de fazerem o homem à semelhança de Deus! O *homem-espírito,* é claro.

*

Parece-nos ter provado à evidência, conforme era nosso escopo, que o *inferno não existe.* Mas, se não fosse suficiente o que aí fica, ou se os estreitos limites de um simples artigo comportassem mais ampla dissertação, não tenha dúvida o nosso bom amigo Rev.º Armando Ferreira, de que iríamos muito mais longe; porque, quando viemos discutir este assunto, como sempre sucede quando discutimos alguma coisa, estávamos prevenido para a discussão.

Aliás, e não se ofenda com isso o nosso irmão pastor, este é dos tais casos em que o simples raciocínio seria suficiente a livrar-nos de maiores investigações e trabalhos.

Dezembro de 1931.

SOUSA DO PRADO.

A IMATERIALIDADE DE DEUS

Esta frase, dita por A. Kardec numa de suas notas — *"o imaterial para nós seria o nada"*, tem provocado grande celeuma entre os nossos irmãos, na sua restolhada a "O Livro dos Espíritos".

Diz, p. ex., o rev. J..., em "O Espiritismo Analisado":

> E senão vejamos. Abrindo a "privilegiada" obra... ("O Livro dos Espíritos") encontramos em caracteres bem legíveis, **em linguagem inequívoca** e precisa, à página XVII, 5ª ed., idioma português, este pedacinho precioso — **Deus é imaterial!...**
>
> E prosseguindo em nosso exame... etc., etc... eis que, sem mais nem menos e senão quando no momento em que Allan Kardec **pretende** afuguentar ou ferir mortalmente o Materialismo audacioso, encontramo-lo a dizer sem perífrase nem evasiva, lá pela pág. 60:... **"uma coisa imaterial... para nós seria o nada".**
>
> Eis o silogismo formado com as premissas espíritas:
>
> **Deus é imaterial... O imaterial... seria o nada.** Logo, Deus seria o nada.

Vamos a outra citação, de outro antagonista, para ver como o diapasão é o mesmo e as conclusões também:

> Os Espíritos superiores ensinaram essa monstruosidade: que Deus é imaterial e que o imaterial não é nada.

Quem ler isto há de pensar que algum Espírito ensinou aquilo, tal qual está.

Ora, Kardec, na Introdução de "O Livro dos Espíritos", cap. VI, declara: *"Deus é eterno, imutável, imate-*

rial..." Viram-se folhas e folhas e encontra-se, em outro capítulo, o seguinte comentário:

"A perda da individualidade não é como o nada? Diz-se que esta individualidade é imaterial, mas, uma coisa imaterial não poderia ter proporções definidas e para nós é como se nada fosse."

Esta frase toda, na objurgatória dos pastores, ficou reduzida a isto: — *o imaterial não é nada* — e juntada a outra de capítulo diverso, onde se diz que Deus é imaterial, deu aquele conúbio que levou os reverendos a concluir que Deus não é nada.

Demos, porém, outra redação à frase, e logo se perceberá a intenção do autor:

"Nós temos a perda da individualidade como equivalente ao nada. Da mesma forma, isto é, com o mesmo erro de raciocínio, julgamos em relação à alma que, por ser imaterial, por não ter proporções definidas, achamos que nada representa."

Há ainda uma frase restritiva, a que os honrados pastores não parecem dar muita atenção e é o "para nós". Passam por ali como gato por brasas. A expressão, entretanto, é de capital importância para a elucidação do sentido, visto que *para nós* corresponde a: *assim julgamos, assim pensamos, assim cremos...*

Isto é, *nós humanos temos esse modo de ver.* Isso é o que significa o *para nós*, que restringe a idéia enunciada.

Assim, a expressão de Kardec: *uma coisa imaterial* PARA NÓS *seria o nada,* equivale a esta outra: *uma coisa imaterial* NÓS PENSAMOS *que seja o nada.*

Quando Pasteur dizia: *Nós não acreditamos nos microrganismos,* não queria dizer que os microrganismos fossem inexistentes, mas que a Ciência do seu tempo ainda não havia tomado deles conhecimento.

Dando outra contextura à expressão, poderia ele ter afirmado: os microrganismos *para nós* é como se fossem nada. Logo se entenderia que eles seriam o nada em virtude dos nossos poucos conhecimentos, porque a Ciência os não havia ainda descoberto. Era o nada até aquele momento.

Da mesma maneira, na expressão de Kardec, uma coisa imaterial, *para nós,* que a não podemos compreender, seria o nada.

Se Kardec quisesse afirmar que o imaterial era o nada, por que teria empregado o *para nós*?

Ninguém apresenta enunciados gerais por essa forma. Quem é que dirá, por ex.: o ar atmosférico é composto, *para nós,* de oxigênio, azoto e gás carbônico?

Previnam-se, portanto, os nossos confrades, para quando os adversários do Espiritismo voltarem à mesma tecla: — Quando o Mestre declarava que o imaterial *para nós é como se fora o nada, tinha em vista declarar que nós, em nossa miopia, costumamos supor que é nada* uma coisa imaterial.

Agora, encaremos a questão por outro prisma; demos de barato, que a frase em apreço esteja errada, que a redação esteja malfeita. Seria justo que se apegassem os contraditores a enganos de forma para derrubarem uma doutrina?

Há alguém, de equilíbrio mental seguro, que veja, em geral, na obra de Kardec, o ensino de que Deus não existe, ou não é nada? Era seu *intento* apresentar uma tal lição? É da Doutrina Espírita o ensinamento de que não há Deus?...

Se os Espíritos nunca pretenderam dizer-nos isso, todo o mal-entendido resultaria de uma questão de *letra,* de redação, de maneira de exprimir-se; e, contender nesse terreno, é baixar a discussão aos subterfúgios do rabulismo.

Se os nossos contraditores tivessem dúvidas a respeito, deveriam abandonar o ponto em que houve mister fazer a maravilhosa ginástica espiritual e logo encontrariam, na 1.ª lição de "O Livro dos Espíritos":

1. Que é Deus? *Deus é a inteligência suprema, causa primária de todas as coisas.*

E, no número 13: Deus é eterno, é imutável, é imaterial, é único, é soberanamente justo e bom. Em síntese: todo o capítulo 1.º trata de Deus e de sua existência.

A doutrina clara é esta.

IDENTIFICAÇÃO DE ESPÍRITOS

É um assunto que merece destacado em capítulo especial, o da identificação de Espíritos.

Porque Allan Kardec, como todos os escritores sinceros, declara, com a lisura dos que buscam a Verdade, que nem sempre é fácil saber-se qual o Espírito manifestante, daí tiraram logo os adversários do Espiritismo a conclusão de que toda a doutrina repousa numa base falsa; que, pela confissão da mesma doutrina, os Espíritos são mentirosos; que não se tem a certeza do que eles dizem, que não se sabe quando estão a falar torto ou direito.

Vejamos como alguns impugnadores formularam literalmente as suas objeções, além das que já estudamos.

Diz o pastor F...:

> Contra tais espíritos do espiritismo nos levantamos e declaramos que todos eles são mentirosos. E isso não fomos nós os únicos a dizer. O próprio Kardec foi o primeiro a lavrar a sentença condenatória contra o Espiritismo, quando proferiu essa lúgubre interrogação:
>
> **"Quem pode, pois, assegurar-nos que aqueles que se dizem ter sido Sócrates... Napoleão... etc., tenham realmente animado os corpos destas personagens?"**
>
> ... Com enorme clareza e à luz dos fatos incontrastáveis, citando as obras de Kardec, provamos que, no espiritismo, todos os espíritos que se têm manifestado são mentirosos.

Vejamos outro, o rev. J..., em "O Espiritismo Analisado":

Como poderíamos deixar de fazer oposição a um sistema falso e perigoso, qual o Espiritismo, quando S. S. lhe confessa os desastres, admitindo que os espíritos evocados se revelam de baixa e aviltante categoria, contraditórios, turbulentos, zombeteiros e mentirosos, espíritos que produzem nos circunstantes confusão e pânico?

E ainda:

...Ficará destarte cabalmente provado que em face das confissões oficiais do principal mestre do sistema espírita são maus, são inferiores, todos os espíritos que se manifestam nas sessões espíritas — mesmo aqueles que se dizem superiores, que adotam nomes venerandos e ensinam coisas boas e verdadeiras.

Reflita S. S. sobre a confirmação deste fato, em face das palavras do novo messias da humanidade, e codificador da doutrina espírita:

...muitas vezes (os espíritos inferiores) adotam nomes venerandos para melhor nos levarem ao erro...

Logo o Espiritismo carece do que é essencial, falta-lhe fundamento, existindo e evoluindo à mercê dos espíritos de malícia que S. Paulo diz estarem espalhados pelos ares e que, como o próprio Satanás, se apresentam adornados com os mais venerandos nomes, embalando, como diz Kardec, os desejos dos que os evocam, com mentidas esperanças.

Até aqui a opinião de pastores protestantes. Agora a de um respeitável padre católico:

— Como é que sabe sr. Kardec, que o espírito que se lhe comunica é a alma de seu bisavô e não a de Chico Pedro ou outro espírito qualquer?

— Porque ele o diz.

— Bonita prova! Não sabia que bastava que eu dissesse: sou o rei da Inglaterra — para todos me acreditarem sob palavra...

Bastam como exemplos.

Tiram-se daí as seguintes deduções: que os Espíritos mentem; que o próprio Kardec ensinou que todos os Espíritos são inferiores e mesmo os que se manifestam, dando nomes venerandos, mentem também; que falta fundamento ao Espiritismo porque evolui à mercê dos Espíritos de malícia; enfim, que nunca saberemos se quem nos fala é o bisavô ou o Chico Pedro, porque só lhe conhecemos o nome, ao Espírito, por ser ele quem o diz.

Nada mais inverídico, nada mais errado; lacunosas as transcrições de Allan Kardec; falseada a sua exposição.

Verifica-se a inexatidão dessas sentenças, tão exaustivamente exploradas, desde o ensino de "O Livro dos Espíritos" até a lição dos fatos.

Que há muitos Espíritos que mentem, que ensinam coisas erradas, que dão nomes trocados, que fazem pilhérias de mau gosto, que iludem, que se tornam perigosos, é fora de dúvida. Mas não foi o Espiritismo nem o Kardec que os inventou. Esses Espíritos já foram encontrados assim.

Se não existissem aqueles Espíritos é que a doutrina sofreria forte abalo e desmentido, desde que ela afirma que os mortos se mantêm, até tomarem a boa estrada, com os mesmos defeitos e vícios que os caracterizavam em vida.

O fato, porém, da existência de seres que tais, não implica a ilação de que não há discriminar o certo do duvidoso; nem estremar o bom do mau; nem que é impossível estabelecer a verdade ou desmascarar a mentira; nem difícil perceber, finalmente, com quem estamos a falar.

Quando Kardec salienta a dificuldade de saber se os que se dizem Sócrates ou Napoleão animaram, realmente, essas personagens, não exclui os casos em que é possível verificar-se a autenticidade do que afirmam os Espíritos, nem lhes estabelecer a identidade perfeita.

Se um desencarnado limitar-se a comunicar-nos que foi Napoleão ou Sócrates, nós, de fato, ficaríamos na mesma. Mas não é isso que se dá. Ao lado das sessões em que aparecem os Espíritos de "baixa e aviltante categoria", que estabelecem confusão e pânico, há aquelas em que se apresentam os Espíritos esclarecidos e bons. "Esses — referia o notável e insuspeito psiquista Gustavo Geley (1) — trazem conselhos afetuosos para os indivíduos e *ensinos notáveis* para o progresso da Humanidade."

---

(1) Geley, "Essai de Revue Générale".

A manifestação dos Espíritos inferiores, que tanto ensombra o ânimo dos adversários da doutrina, sempre se deu, continua a dar-se, e dar-se-á, com ou sem Espiritismo, tivesse ou não intervindo Allan Kardec no assunto, haja ou não a aprovação dos nossos receosos opugnadores. É uma questão de fato, independente da vontade e das doutrinas humanas.

A história de todos os tempos está cheia dessas manifestações. Surgem, elas, impressionantes, nos tempos modernos e perturbam a Ciência. Já se destacavam na Idade Média, onde inquietaram a Igreja.

A tais manifestações se referiam constantemente os antigos e delas trataram, com abundante cópia de exemplos, os velhos historiadores. Não as esqueceu a História Sagrada; as manifestações de Espíritos abundam no Velho e no Novo Testamento.

Que responsabilidade, perguntamos nós, caberá por isso a Allan Kardec, para se levantarem, irados, contra ele, os religiosos de todos matizes?

Temos, finalmente, o caso dos Espíritos que adotam nomes venerandos, sem que possamos verificar a autenticidade do que nos dizem.

A questão, aí, se resolve de maneira simples: e é pôr-se esse Espírito de lado com tudo o que ele afirma.

Em suma:

Não é verdade: 1 — Que o mestre confessasse que são maus ou inferiores *todos* os Espíritos que se manifestam nas sessões, como proclama um pastor; e que não é possível saber-se a verdade do que dizem, como acha um segundo. 2 — Que são mentirosos todos os Espíritos, como afirma um terceiro, ou *de malícia*, como reforça um quarto, citando S. Paulo. 3 — Que os Espíritos que tomam nomes venerandos nos deixem seriamente atrapalhados. 4 — Que não há jeito de saber-se se quem nos fala é o nosso bisavô ou o Chico Pedro, como quer distinto sacerdote.

O ensino em Allan Kardec.

Vamos provar o 1.º item e, para tanto, basta transcrever o que diz Allan Kardec, na Introdução de "O Livro dos Espíritos", pág. XXXI, trad. de Guillon Ribeiro, passagem com que não toparam os bravos adversários:

> Quando se manifesta o Espírito de alguém que conhecemos pessoalmente, de um parente ou de um amigo, por exemplo, mormente se há pouco tempo que morreu, sucede geralmente que sua linguagem se revela de perfeito acordo com o caráter que tinha aos nossos olhos, quando vivo. Já isto constitui indício de identidade. Não mais, entretanto, há lugar para dúvidas, desde que o Espírito fala de coisas particulares, lembra acontecimentos de família, sabidos unicamente do seu interlocutor. Um filho não se enganará, de certo, com a linguagem de seu pai ou de sua mãe, nem pais haverá que se equivoquem quanto à de um filho. Neste gênero de evocações, passam-se às vezes coisas íntimas verdadeiramente empolgantes, de natureza a convencerem o maior incrédulo. O mais obstinado céptico fica, não raro, aterrado com as inesperadas revelações que lhe são feitas.
>
> Outra circunstância muito característica acode em apoio da identidade. Dissemos que a caligrafia do médium muda, em geral, quando outro passa a ser o Espírito evocado e que a caligrafia é sempre a mesma quando o mesmo Espírito se apresenta. Tem-se verificado inúmeras vezes, sobretudo se se trata de pessoas mortas recentemente, que a escrita denota flagrante semelhança com a dessa pessoa em vida. Assinaturas se hão obtido de uma exatidão perfeita.

Diante dessa transcrição, com afirmar-se que, pelos próprios ensinamentos do Mestre, não é possível verificar qual o Espírito que se comunica?

Como se vê, já Allan Kardec, sem esconder as dificuldades de que está cheio o campo experimental, mostrava, entretanto, os casos em que é fácil identificar aquele que nos fala do outro lado do véu.

*

O ensino dos fatos.

Vamos, agora, à lição dos fatos para provar o equívoco, o desarcerto, o erro dos nossos opositores.

Escolhamos, no volumoso acervo das manifestações mediúnicas, alguns exemplos entre os milhares que nos acodem à vista, e assim teremos demonstrado os demais itens, ou seja a inexatidão no afirmar que são mentirosos *todos* os Espíritos, que é impossível verificar-lhes a identidade.

Principiemos por um caso simples: é ele relatado por Tola Dorian e saiu publicado na "Revue Scientifique et Morale du Spiritisme" (1899):

> A 16 de fevereiro último coloquei-me junto à mesinha de três pés, com o médium C..., a fim de interrogar os nossos guias a respeito da morte misteriosa do Presidente da República. Ouvimos as pancadas da mesa. Perguntamos quem se manifestava e a resposta foi: Henri de Lacretelle.
>
> Fiquei impressionado. Lacretelle tinha sido meu amigo e, para mim, amigo caro e venerando, embora eu o houvesse perdido de vista havia mais de 10 anos.
>
> Perguntamos-lhe quando havia falecido e ele nos respondeu: esta noite, às 10 horas. Estávamos, nesse momento, às 11 e 30. Ele acrescentou que havia morrido em Paris, quando eu o supunha em Mâcon.
>
> No dia seguinte, li nos jornais a notícia da morte de Lacretelle, em seu domicílio em Paris, justamente à hora anunciada por seu Espírito.

Perguntaríamos, ao pastor A. F., diante deste ligeiro exemplo, se é exata a sua tese, "a de que todos os Espíritos mentem".

Como este há centenares de casos. Vamos, porém, aos de identidade, por sem dúvida, mais interessantes.

Exemplos de identificação.

O Comandante Darget faz o seguinte relato, que saiu publicado na "Revue Scientifique et Morale du Spiritisme", 1907, pág. 121:

> Apresso-me a narrar um caso de identidade espírita que se produziu em minha família e contra o qual se poderão formular dificilmente objeções sérias.

A 16 de maio último, minha mulher e minha filha foram a médium muito conhecida, a Sra. Bonnard, e lhe pediram uma sessão. Desde que a médium caiu em transe, disse ter visto a mãe de minha mulher, morta um ano antes. Revelou ela, depois, pormenores característicos, rigorosamente exatos, concernentes a minha família, de maneira, enfim, a identificar a personalidade comunicante. Pediu, então, minha filha: — Prova-me que és verdadeiramente a avozinha, revelando algum incidente ou segredo que só me diga respeito e que venha dissipar todas as dúvidas.

Devo declarar que, no ano passado, minha filha tinha estado nos banhos de Biarritz com sua avó e ela esperava ouvir a revelação de fatos advindos durante esse período.

Disse então a médium: Sua avó faz-me ver um ramalhete de flores todas brancas, e confessa que teve grande contentamento quando as depositaram em seu túmulo.

A essas palavras, minha mulher e minha filha ficaram inteiramente desconcertadas e desiludidas, porque nada haviam deposto sobre o túmulo da velha. Nessa perplexidade, minha filha lembrou-se de escrever a uma prima de Bordéus, a qual, tendo feito recente viagem com a família, havia visitado o cemitério de Poitiers, onde a avó comum tinha sido enterrada. Minha filha perguntava, na carta, se ela havia deposto flores na sepultura da avó e de que cor eram elas.

A prima respondeu que, passando em Poitiers, havia colocado na lábide da velha avozinha um ramalhete de flores **todas brancas.**

Ora — pergunta o Comandante Darget —, onde a médium poderia ter colhido esse pormenor? Nem a transmissão do pensamento, nem a hipótese da subconsciência, nem outras fantasias semelhantes podem explicar o fato. A explicação mais racional, diz ainda o comandante, consiste em supor que o espírito da avó, a título de prova de identidade, fez lembrar à médium um incidente que ela sabia ignorado por minha mulher e minha filha.

Ainda, neste caso, se verifica que a esposa e a filha do Comandante Darget poderiam, por essa prova de identidade, convencer-se de que era de fato a finada quem lhes aparecia e nunca o *Chico Pedro.*

Caso também interessante, estudado pelo Dr. Richard Hodgson e publicado por Frederico Myers nos "Proceedings" da Society for Psychical Research (vol. VIII, págs. 200), é o seguinte:

Certo Michel Conley, rendeiro, residia nos arredores de Iônia, nos Estados Unidos, e foi achado morto, em uma cocheira do albergue Jéferson. Transportaram o cadáver para uma câmara mortuária e depois de inquérito regular, presidido pelo juiz de instrução, o Sr. Hoffmann, depuseram-no no esquife, à espera do enterro. As suas velhas roupas enlameadas foram jogadas num quintal.

O filho do morto veio de Iônia, a fim de transportar o cadáver, e, de volta, contou ele o fato à irmã, que perdeu os sentidos. Quando ela tornou a si, perguntou: onde estão as roupas de nosso pai? Ele me apareceu com uma camisa branca, vestes pretas e sapato de cetim e me disse que, em viagem, havia cosido um maço de bilhetes de banco, na parte interior de sua camisa escura, servindo-se para isso de um pedaço de pano vermelho que cortara de uma de minhas vestes usadas, e me advertia de que o dinheiro ainda lá se achava.

A moça, em seguida, caiu em nova síncope, para acordar pouco a pouco, e insistir que mandassem buscar as roupas do pai, roupas que descreveu pormenorizadamente.

As pessoas da família consideraram o caso como produto de alucinação. O médico, porém, chamado para vê-la, aconselhou que mandassem buscar as ditas roupas, a fim de acalmar-lhe a excitação.

O filho telefonou ao juiz Hoffmann, perguntando se haviam encontrado as vestes paternas. O juiz respondeu afirmativamente e ordenou que as apanhassem e embrulhassem, para que fossem entregues à família.

À tarde, o filho apresentou-se em casa do juiz e lhe contou o que sua irmã havia dito. O Sr. Hoffmann notou que ela havia descrito exatamente a maneira por que havia sido enterrado o pai, inclusive os sapatos de veludo, o que ninguém sabia, nem mesmo os criados, visto como só se lhe podia ver o rosto através da tampa do caixão.

Já interessado pela narrativa, o juiz foi com o rapaz ao lugar onde estava o embrulho das roupas, do qual tiraram a camisa escura e, na parte interior do peito, encontraram, efetivamente, um maço de bilhetes de banco cosido em um pedaço de pano vermelho. O jovem verificou também que sua irmã tivera uma vestimenta de fazenda idêntica. Os pontos com que estava ligada ao paletó eram longos e irregulares, demonstrando terem sido feitos por mão inexperiente.

O filho voltou a casa com seu fardo, muito impressionado pela revelação sobrenatural obtida pela irmã, a qual se achava tão mal nesse momento, que oscilava entre a vida e a morte.

Esse caso veio relatado ainda no "The Herald" de Iowa, E.U.A.

Para autenticá-lo tenha-se em vista um inquérito feito por pessoa que deve ser absolutamente insuspeita, pelo menos aos protestantes — o reverendo Amos Crum, pastor de Dubuque, que confirma:

O bolso era de uma profundidade de sete polegadas e nele se encontrou um pacote de notas de banco na importância de 35 dólares. Disse-me o juiz Hoffmann que a filha do morto havia descrito exatamente o costume com que estava o cadáver: camisa, calça, sapatinhos; que tinha descrito igualmente a forma do sapato, que era de um modelo absolutamente novo e desconhecido ainda no comércio, onde não havia iguais; que ela não tinha visto o cadáver de seu pai nem antes nem depois de ter sido colocado no esquife; que ainda mesmo que ela o houvesse divisado nesta última circunstância, não poderia ter-lhe observado os pés, calçados com elegantes sapatinhos de cetim preto, como dissera.

Além do rev. Amos Crum, depuseram sobre o acontecimento e o confirmaram, em todos os seus pontos, o juiz instrutor Hoffmann, o rev. A. A. Green, os Srs. Ham e Carver, proprietários do jornal "The Herald", o Sr. M. H. L. Sill, redator desse mesmo jornal, e a Sra. George Brown, mulher do rendeiro, concidadão da família Conley. (Veja-se, ainda, artigo de Ernesto Bozzano, "Annales des Sciences Psychiques", 1 e 16 de abril de 1910.)

Outro fato da revelação de dinheiro oculto encontra-se no episódio, que também devemos à coleta escrupulosa de Bozzano e que foi publicado pelo Dr. Moutin, nome muito conhecido entre os pesquisadores psíquicos, na "Revue Scientifique et Morale du Spiritisme", pág. 168, 1910:

Em 1884, durante a epidemia de cólera, achava-me eu em Marselha, para assistir aos últimos momentos de uma de minhas parentas, que a doença arrebatou em poucas horas.

Antes de morrer, e quando perdeu o uso da palavra, parecia ela querer comunicar-me alguma coisa importante, o que se adivinhava pelos gestos desesperados que fazia. Enfim, reunindo todas as suas forças, chegou a articular duas vezes a palavra **glace** (espelho), indicando com sua mão direita o espelho que se achava sobre a chaminé em face do seu leito. Poucos instantes depois a Sra. Joubert expirava.

Seu marido, que pertencia à marinha, achava-se no mar, no navio **Gyptis**, da Cia. Freissinet.

Alguns dias depois, fui igualmente apanhado pela doença e deixei Marselha para voltar a casa. Isto sucedeu antes da chegada do marido, a quem eu queria contar o que a defunta dissera. Não podendo cumprir a missão de viva voz, escrevi-lhe a respeito.

O Sr. Joubert, sabendo que a morta tinha o hábito de esconder o dinheiro por toda parte, não hesitou em tirar o fundo do espelho em questão; suas pesquisas, porém, foram vãs, o que ele me comunicou.

Quinze dias depois, assistia eu a uma sessão espírita em casa de Declus Deo, nome muito conhecido em Avinhão, quando a médium, a Sra. Decius, caiu em transe e dirigiu-se a mim, chamando-me pelo nome de batismo, nome que ela não conhecia em estado normal.

— Luciano — dizia-me ela —, quero comunicar-te agora o que não te pude dizer antes de morrer.

— Quem és? — (Eu tinha visto morrer tal multidão de pessoas, no ano precedente, que a minha memória não chegava a adivinhar quem seria o Espírito comunicante).

— Eu sou a senhora Joubert.

Então, pela boca da médium adormecida, o Espírito da Sra. Joubert assim falou: — Pouco tempo antes de falecer, eu havia posto um título da Companhia Freissinet entre o vidro e o fundo do espelho colocado sobre a pia, na cozinha. Meu marido vai brevemente mudar de apartamento para tomar outro menor e decidiu vender grande número de objetos do mobiliário, entre os quais a pia e o espelho; é pois urgente que o informes do que te digo.

A mensagem surpreendeu profundamente os assistentes (éramos uma dezena); seus caracteres de autenticidade pareceram-nos tão evidentes que não hesitei um instante em comunicar a história ao Sr. Joubert.

A resposta chegou-me quinze dias depois. Apenas recebida a minha carta, ele deu logo começo às pesquisas, em conseqüência das quais achou uma ação da Cia. Freissinet, de 500 francos, no lugar precisamente indicado.

Lembremos, finalmente, este caso, cujo principal valor consiste em ter sido estudado e documentado por Gurney, autor com Myers e Podmore dos "Phantasms of the Living", e que vem relatado no vol. III, págs. 95 dos "Proceedings" da S. P. R.; aí dificilmente se poderá supor a intervenção do *Chico Pedro*, do subconsciente, dos Espíritos mentirosos, dos de malícia ou coisa que o valha.

Gurney menciona o protagonista apenas com a inicial D.

Eis o caso:

O Sr. D..., residente em Londres, é proprietário de uma usina mecânica em Glásgua. Conta ele que, cerca de 35 anos, tinha tomado a seu serviço um rapaz delicado e bom, chamado Roberto Mackensie, o qual se despedira, repentinamente, depois de três ou quatro anos, em conseqüência de intrigas que os camaradas haviam feito contra ele. Depois de muito tempo o Sr. D... tornou a encontrar Mackensie, mas em condições de extrema penúria e quase a morrer de fome.

Cheio de pena, acolheu-o de novo em sua usina, pelo que o pobre rapaz lhe conservou uma gratidão sem limites.

D... continua sua história nestes termos:

Em 1862 estabeleci-me, definitivamente, em Londres e, desde então, não fui mais a Glásgua; Roberto Mackensie e com ele a personalidade de outros operários apagaram-se-me da memória.

Há 10 ou 12 anos, ainda havia o costume de oferecer-se anualmente um baile aos trabalhadores de minha usina, o qual, por tradição, era sempre fixado numa sexta-feira à tarde. No ano a que me reporto, Mackensie, sempre tímido e solitário, não quis tomar parte na festa e pediu ao meu agente que o deixasse servir no bufete. Na manhã da terça-feira seguinte, um pouco antes das 8 horas, em minha casa de Campden Hill, obtive a manifestação seguinte, que não posso chamar um sonho, posto que me sirva da linguagem habitual para descrevê-lo. Sonhei, pois, não, porém, com a indeterminação e o descosido dos sonhos, que me achava sentado em minha escrivaninha, conversando sobre negócios com um desconhecido, quando Roberto Mackensie veio ao meu quarto. Contrariado por sua presença, perguntei-lhe, com certa aspereza, se ele não tinha visto que eu estava ali com uma pessoa, em conversa. Ele retirou-se com visível pesar, mas voltou pouco depois, como ansioso por falar-me imediatamente. Admoestei-o com mau-humor crescente. Entrementes, a pessoa com quem eu falava despediu-se e Mackensie veio a mim.

— Que significa tudo isto, Roberto? — indaguei eu, secamente —, não viste que eu não estava só?

— Sim, senhor — respondeu-me ele —, mas eu lhe queria falar com urgência.

— De quê? Que é que há de importante?

— Eu queria dizer-lhe que sou acusado de um fato de que não tenho a culpa e desejo ardentemente que o saiba; é esta a razão por que vim aqui, para que o senhor me desculpe e defenda, porque eu estou inocente.

— Mas então o que é? — insisti.

Ele repetiu a mesma frase e eu observei: — Como posso defender-te, se ignoro do que se trata?

Não esquecerei nunca a maneira expressiva com que ele me respondeu em dialeto escocês: — Sabê-lo-á dentro em pouco.

Acordei, tomado de espanto, e como aturdido pela vivacidade do sonho. Não podia acreditar em sonhos e refletia no que aquilo podia significar, quando minha mulher entrou pelo quarto, agitada, com uma carta na mão, dizendo: — O', James, o baile dos operários acabou tragicamente: Roberto Mackensie suicidou-se.

Compreendi, então, o significado da minha visão e repliquei tranqüilo, mas em tom firme:

— Não; ele não é culpável de suicídio.

— Como pudeste sabê-lo?

— Porque ele mesmo acaba de o declarar, neste instante.

Para não interromper a narrativa, omiti dizer que, vendo Mackensie, fiquei impressionado pelo aspecto anormal do seu rosto; este era de um azul pálido, indescritível, e eu lhe tinha notado na fronte manchas que pareciam confundir-se com gotas de suor. Não podia compreender isto, mas a explicação me veio com uma segunda carta de meu agente, o qual me informava que se enganara, falando-me de suicídio; que na noite de sábado, o pobre Mackensie, voltando para casa, apanhou por engano uma garrafa contendo **água forte,** em lugar de uma garrafa de uísque, que havia tomado um gole de um só trago, e que tinha morrido no dia seguinte, após horríveis sofrimentos.

Enquanto eu refletia na cor particular do rosto que tinha visto, tive a idéia de consultar algum tratado autorizado, a propósito da sintomatologia do envenenamento com **água forte.** No Manual de Walsch intitulado — Medicina e cirurgia doméstica — encontrei, à pág. 172, essas palavras sobre o envenenamento pelo ácido sulfúrico:... a pele fica recoberta por gotas de suor frio, o rosto torna-se lívido, exprimindo horríveis sofrimentos. A água forte produz os mesmos efeitos, com a diferença de que as manchas internas, quando as há, parecem antes amarelas que escuras.

Faço notar que apresento os fatos como eles se deram e que antes disso não tinha a menor idéia desses sintomas, que se acordam suficientemente com o que eu vi, isto é, um rosto lívido, coberto de gotas de suor e salpicado de manchas, sobretudo na fronte, o que eu confundia, no sonho, com grossas gotas de suor.

Meu agente soube da morte de Mackensie e escreveu-me no mesmo dia, para fazer a sua retificação. Eu sonhei pela manhã de 3ª-feira, um instante antes da chegada do correio das 8 horas; daí essa frase: — "Sabê-lo-á em breve."

Atribuí pessoalmente o fato à imensa e respeitosa gratidão que Mackensie tinha conservado para comigo, por tê-lo salvo da miséria e da fome e pelo seu vivo desejo de manter-se digno de minha estima. Nada exagerei. Os leitores são livres de tirar as conclusões que quiserem.

Podíamos multiplicar por milhares os casos de identificação. Eles se acham, porém, em várias obras, devidamente autenticados, e o leitor curioso desses assuntos não terá, para certificar-se, mais do que folhear os livros de Ernesto Bozzano, Camille Flammarion, Gabriel Delanne, Léon Denis, Aksakof, Frederico Myers, William Barrett, Sage, Florence Marryat, os "Proceedings" ingleses e americanos, os "Annales des Sciences Psychiques" da França, além de outros autores e obras de menor vulto.

* * *

CASOS ESPECIAIS DE ESTILO DO MORTO

Além dos casos de identificação, em que os Espíritos se fazem reconhecer por fatos particulares de suas vidas, outros há em que os desencarnados se apresentam com características inconfundíveis, tais como o estilo, as opiniões pessoais, as idéias, as aptidões, as bizarrias...

Em nossa língua existe um livro, já muito conhecido, intitulado "No País da Luz", onde se encontram mensagens de vários bons escritores. Esses trabalhos foram recebidos mediunicamente pelo médium português Fernando de Lacerda e alguns se nos afiguram com aquelas características inconfundíveis.

Sabemos que, breve, será publicada também nova e impressionante obra do mesmo gênero, de que é veículo um médium brasileiro. (1)

Há ainda algo mais curioso: é que o fenômeno se reproduz em vários países e se reveste de circunstâncias tais, que seria interessante verificar como poderiam os nossos opositores justificar o fato.

Não cabe, nos moldes do presente estudo, examinar as teorias mais ou menos fantásticas, com que eles saem a campo, nem há tempo para acompanhar a ginástica mental a que se entregam, por fugirem à hipótese espírita, ginástica que, a maior parte das vezes, os fazem perder

(1) "Parnaso de Além-Túmulo", obra mediúnica recebida por Francisco Cândido Xavier. Atualmente já se extraíram milhares de exemplares. — **Nota da 2ª edição.**

o equilíbrio e cair redondamente no absurdo ou no ridículo. O nosso intuito é tão-somente deixar demonstrado que há por onde verificar se quem nos fala é o espírito de A., B. ou C., como eles no-los declaram, e assim rebater a opinião dos que afirmam, desassombradamente, que não é possível descobrir a identidade do defunto com quem tratamos.

Em 1870 faleceu na Inglaterra o grande escritor Charles Dickens. Este havia deixado, por terminar, um romance com o título de "Edwin Drood".

Em 1873, nos Estados Unidos, cai em transe um mecânico, sem nenhum conhecimento literário, e recebe por via mediúnica o final de uma novela. O autor do Espaço dizia ter-se chamado Dickens e esclarecia que aquela parte era o final da obra que deixara inacabada: — o seu romance "Edwin Drood".

O fato, como é de ver, causou sensação. Apareceram, o que é de ver também, quem analisasse o caso e apresentasse suas objeções.

Em compensação, os argumentos a favor da autenticidade do comunicante foram esmagadores. Verificou-se que a descrição de Dickens não tinha sofrido solução de continuidade. As duas partes do romance, a feita em vida e a feita em morte, se acolchetavam admiravelmente. A crítica não pôde dizer onde terminava uma e onde começava a outra.

Havia outros sinais de autenticidade: Dickens morto escrevia a palavra *traveller* (viajante) com dois *ll*, tal como o Dickens vivo, enquanto esse termo se escreve na América do Norte com *l* singelo. Notava-se, em outros termos, a ortografia do escritor inglês contrastando com a usada pelos americanos.

Dickens tinha o costume de mudar de tempo de verbo, mormente nas passagens de grande movimento, o que não é comum nos escritores; essa particularidade se nota no pedaço mediúnico.

Enfim, Conan Doyle observou no "Fortnightily Review" outras provas de identificação literária, a começar pelos títulos. Depois, extraiu duas passagens descritivas, uma da parte autêntica do romance e outra da supranormal, sem indicar os respectivos textos e convidou os críticos a dizer qual a supranormal, qual a autêntica.

Richet, analisando esse caso, achou-o um pasticho embaraçoso.

Deixemos os cépticos a ver como se saem do embaraço e vamos a outro fenômeno.

Nos números da "Revue Spirite", de março e abril de 1926, Ernesto Bozzano trazia ao conhecimento dos espíritas franceses as comunicações de Oscar Wilde recebidas na Inglaterra por intermédio de Ester Dowen.

Oscar Wilde, literato inglês, nasceu em Dublin em 1856 e morreu em Paris no ano 1900. Era escritor teatral, jornalista, romancista, poeta e gozou de grande fama no seu país.

Bozzano estuda longamente o caso das comunicações de Wilde, enumerando os incidentes pessoais e as provas que garantiam a autenticidade da comunicação mediúnica: "a prova memorável da identidade na escrita, prosseguida de maneira impecável, no curso de muitas centenas de páginas; a prova mais importante, ainda, da identidade do estilo, ou, para melhor dizer, dos dois estilos que caracterizavam a personalidade literária do morto; enfim, a mais concludente da emergência da personalidade intelectual e moral de Oscar Wilde, com todas as nuanças de seu caráter, personalidade complexa, original, inimitável".

Uma das obras mediúnicas de Wilde era intitulada — "Uma Comédia Extraordinária".

A respeito dessa obra, David Gow, redator da "Light", escreveu o seguinte, no número 18, de 1928, de sua revista:

> Notarei de passagem, que assisti pessoalmente ao ditado mediúnico do drama de Oscar Wilde, durante o qual o autor morto ocupou a médium e sua secretária durante muitas semanas consecutivas, corrigindo, refazendo, suprimindo, dando tantas disposições e ordens, que o trabalho se tornara muito penoso às duas senhoras. Tudo se desenrolou como se um autor invisível, mas absolutamente real, se tivesse posto febrilmente a trabalho. A comédia, que vem assim à luz, parece extraordinária obra de arte. Mas é preciso notar, a esse respeito, que um diretor de

teatro, ao qual foi ela oferecida, para que a representasse, depois de a ter lido, relido e pesado, declarou que renunciava a pô-la em cena, não porque ela não fosse obra de Oscar Wilde, mas porque era muito dele. Ele queria, por essas palavras, fazer alusão ao enredo e à técnica do desenvolvimento das comédias de Wilde, que julgava, na ocasião, inteiramente fora de uso.

Comenta Ernesto Bozzano: (1)

Esta declaração de um diretor de teatro é verdadeiramente preciosa e significativa. Resumindo: faço ver que no ponto de vista teórico todas as circunstâncias que se acabam de expor têm cumulativamente enorme valor em favor da interpretação espírita.

Os que leram a comédia póstuma de Oscar Wilde estão de acordo em afirmar que ela constitui obra de arte magistralmente regulada e é uma reprodução maravilhosa do estilo, da forma, da técnica teatral que caracterizavam, em seu conjunto, um só autor: Wilde. E como se isso não fosse suficiente para identificar uma personalidade literária, é preciso acrescentar o incidente bem eloqüente de um diretor de teatro que declara não poder a comédia em questão ser representada com êxito, por ter o seu desenvolvimento e seu assunto envelhecido de meio século.

Lembro ainda que Oscar Wilde tinha, preliminarmente, dado todas as provas de identificação pessoal que se podem razoavelmente exigir de um morto que se comunica. Fizera eu já notar que a prova que lhe faltava era a de demonstrar aos vivos que sua intelectualidade, seu temperamento de autor, sua virtuosidade incomparável de cinzelador de frases e de artista apaixonado pelos termos tinham ficado intactos depois da morte do corpo. Ora, ele deu também esta última prova, que reveste um valor probativo superior a qualquer outra.

*

"The Case of Patience Worth" (O caso de Patience Worth) é um livro da autoria de Walter Prince, escritor e psiquista de extraordinária nomeada. Teve ele a felicidade de observar a médium americana Sra. Curran, por meio da qual se manifestou a entidade que se diz ter chamado Patience Worth, numa de suas encarnações terrenas. "Muitas luas se passaram desde que eu "vivi" —

(1) "Revue Spirite", jan.-fev., 1931.

afirma a personagem mediúnica. — "Eis-me de volta ao mundo."

Isto foi nos Estados Unidos.

Patience informava ter encarnado na Inglaterra no correr do ano de 1649. Quando um dos observadores do fenômeno, o Sr. G. Yost, estava de viagem para a Inglaterra, o Espírito lhe descreveu traços característicos do Condado onde houvera nascido em priscas eras, naquele país (costas, colinas, mosteiros e estradas). O observador foi visitar esses lugares e verificou que era absolutamente exata a descrição que lhe foi feita pela entidade desencarnada.

O mais interessante, porém, é que a "entidade" falava na linguagem de três séculos passados e no dialeto da terra em que declarou ter vivido.

Ela escreveu obras várias, sobretudo romances e poemas, num idioma envelhecido de três séculos! Revelou um conhecimento histórico, literário e filológico raramente e dificilmente verificável. O Dr. Prince notou, entretanto, que a médium tinha a capacidade comum de uma pessoa inculta.

O mais curioso, é que o Espírito não se enganava nunca. Num dos seus romances — "Telka", constituído por 70.000 palavras, escrito no inglês arcaico, não se encontra um único vocábulo posterior a 1600.

Isto é tanto mais de admirar, comenta o professor Schiller, da Universidade de Oxford, quanto, na primeira tradução da Bíblia há somente 77% de palavras anglo-saxônias, e é preciso recuar até Layamon, 1205, para atingir-se a percentagem dos termos anglo-saxônios empregados por Patience Worth. ("Proceedings" da S. P. R., vol. 36, págs. 574).

Gaspar Yort, tratando do caso, escreveu mais:

> **Telka** é inigualável no que toca à pureza da língua anglo-saxônia, na combinação das diferentes formas dialetais de localidades e épocas diversas, no desvio da significação de certas palavras... A exemplo de Shakespeare, ela emprega, por vezes, um advérbio em lugar de um verbo, ou de um nome ou de um

adjetivo, o que se explica pelo estado transitório da língua inglesa nessa época.

Admirável, ainda, é a obra mediúnica "The Sorry Tale" (A História Triste), cuja ação se desenvolve na Palestina, ao tempo do Cristo.

Nesse drama, onde, na opinião de Bozzano (1), as cenas não são unicamente representadas de modo impressionante, mas geográfica e historicamente irrepreensíveis, tanto no que diz respeito à Palestina como a Roma, acreditou-se, uma única vez, ter encontrado um erro: é quando se faz conferir ao imperador romano, por personagens judias, o título de rei. Ora, descobriu-se, pela "História" de Ewald que, nas províncias orientais do Império Romano, havia o costume de chamar rei ao imperador de Roma.

Há que reparar mais o seguinte: enquanto que os romances — "Telka" e "Merry Tale" — foram ditados nas línguas e dialetos do século XVII, outros, que lhes sucederam, estavam em inglês moderno.

Certa vez, o Dr. Prince convidou a "entidade" a fazer, simultaneamente, dois poemas, sobre assuntos diferentes, um em inglês moderno e outro no dialeto do século XVII, entrelaçando-se, sucessivamente, dois versos de um com dois versos de outro, até ao fim. Ela prontamente o satisfez, ditando correntemente esse *embroglio* inverossímil.

Num capítulo do livro a que nos reportamos, o Dr. Prince comunicava que Patience escrevia, no momento, quatro romances ao mesmo tempo, transmitindo uma passagem de cada um.

Depois de haver escrito algumas linhas de um, em dialeto arcaico, ela passa a um segundo, em linguagem moderna e assim sucessivamente, em constante celeridade. Em certo momento, ela tomou duas personagens de dois romances diversos, fê-las dialogar, de modo que a personagem de um dos romances parecia responder à personagem de outro e com ela discutir. Quando puseram

(1) Revistas citadas.

em seus respectivos lugares as passagens dos dois romances, designando-se-lhes os textos respectivos, verificou-se que cada um deles se adaptava perfeitamente à parte que devia ocupar nesses textos.

Não prosseguiremos nos incidentes curiosíssimos relatados por Prince porque, aqui, o que de mais interesse há para nós é a linguagem arcaica usada pelo Espírito, linguagem que o identifica como sendo, de fato, uma personagem do século de 1600, em que viveu.

Deixemos, pois, os adversários da doutrina a refletir sobre isso e os homens de ciência a se espantarem com os misteriosos poderes do subconsciente, e vejamos agora os casos clássicos.

*

Os casos clássicos.

J. P. Barkas, da Sociedade de Geologia de Newcastle, declara que foi convidado a fazer parte de sessões que se realizavam, modestamente, em casa de uma senhora em Newcastle-on-Tyne. As perguntas eram escritas em um caderno e o médium dava as respostas imediatamente. E aquele professor comenta: — "Eis o problema que se nos apresenta. Uma senhora de instrução vulgar deu respostas sobre diversos assuntos científicos cuidadosamente elaborados durante 37 noites e essas respostas eram tais, que, provavelmente, não se encontra um homem na Inglaterra que pudesse fazer outro tanto." (1)

Obra, ainda, mais ou menos desse gênero é um livro que tem por título — "Arcana of Nature". Foi escrito, mediunicamente, por um abegão, de 18 anos, sem nenhuma educação científica, e que vivia, quase sem instrução, num lugar solitário, no condado de Eriê, Ohio, Estados Unidos. (2)

Outro livro escrito nas mesmas condições é intitulado "Essays from the Unseen", onde se encontram, a exemplo de Fernando de Lacerda, comunicações atribuídas a

(1) "Psychological Review", 1878, tomo I, pág. 215.
(2) "Psychische Studien", 1874.

várias personagens. O autor terreno era um simples operário, de conhecimentos comuns.

Merece, também, aqui lembrada a história de Luís XI, escrita pela senhorita Hermance Dufaux, aos catorze anos de idade. Essa história, muito documentada, contém ensinos até então inéditos. (1)

O fantasma materializado de Nepenthès, a pedido de um experimentador, e em presença de trinta testemunhas, escreveu uma bela mensagem em grego antigo, língua absolutamente ignorada por todos os presentes. (2)

Por intermédio de Stainton Moses manifestou-se um Espírito que deu o nome de Blanche Abercombry; veio declarar que havia acabado de deixar o corpo. Alguns dias depois voltou e relatou fatos de ordem muito íntima. Moses guardou as comunicações, a que pôs a nota de — pessoal.

Morto Stainton Moses, Myers, o grande psiquista, pediu permissão para ver-lhe os papéis, a fim de estudar as suas notas psicográficas, e qual não foi o espanto que teve, ao descobrir as mensagens de Blanche Abercombry, pessoa que ele conhecera. Comparou a escrita dessas mensagens com alguns manuscritos daquela senhora, os quais tinha em seu poder, e verificou a incontestável semelhança existente entre uns e outros. Submeteu as mensagens a peritos e todos afirmaram que as escritas eram perfeitamente idênticas.

Joseph Barthet escrevia no "Spiritualist", a respeito das mensagens recebidas por T. G. Forster:

Fui ouvi-lo; entrei para rir e zombar; e fiquei para escutar e espantar-me. Saí abalado e comovido e tornei a voltar. Esse homem falava de tudo com uma eloqüência de que nada, até então, me tinha dado idéia. Já ouvi oradores célebres; li Cícero, Chattam, Pitt e outros; nada vi, nunca, que se aproximasse da eloqüência, sem réplica, desse homem adormecido. A história de todos os povos lhe era conhecida, todas as ciências lhe eram familiares.

(1) "Revue Spirite", 1858.
(2) William Stead, "After Death".

Por seu intermédio conversei com o falecido Professor Drayton. Fiquei convencido! (1)

Refiramo-nos, agora, a Mme. Piper, médium que foi observada por uma grande plêiade de filósofos e cientistas dos dois continentes.

Os Espíritos que por ela se manifestavam identificavam-se por tal forma, que se tomaram medidas extraordinárias para saber-se a fonte onde ela ia buscar o que sabia e dizia. Utilizaram-se, até, investigadores policiais, a ver se descobriam a origem de suas informações. Vasculhavam-lhe as malas, abriam-lhe as cartas, inspecionavam-lhe a roupa: nada havia de suspeito.

Na Inglaterra, foi examinada pelos professores Oliver Lodge e Frederico Myers, que a isolaram completamente para melhor poder observá-la.

Também foi ela objeto de estudo por parte do Dr. Richard Hodgson, grande psicólogo, da Sociedade Americana de Pesquisas.

Ela incorporava um Espírito, que se dizia George Pelham. O Dr. Hodgson conseguiu reunir uns trinta amigos do finado e trazê-los à presença da médium. O Espírito os reconheceu a todos, chamava-lhes pelos nomes familiares, referia-se a fatos particulares de cada um e os tratava segundo a intimidade que com eles tivera em vida.

Aquele abalizado psiquista dizia, após os seus estudos:

> Há doze anos estudo a mediunidade da Sra. Piper. A princípio só queria descobrir a fraude, a mistificação. Entrei em sua casa profundamente materialista, com o fim único de desmascará-la, mas tive a demonstração da realidade do fenômeno, de modo a não me deixar sombra de dúvida. (2)

O Prof. Newbold propôs, certa vez, a "Pelham" a tradução de um dificílimo trecho em grego, visto que Pe-

---

(1) J. Barthet-T. G. Forster, "Spiritualist", New Orleans, 1858.

(2) "Proceedings".

lham fora helenista, e o Espírito traduziu-o perfeitamente. A médium nada conhecia desse idioma.

Outro notável cientista, o Prof. Hyslop, da Universidade de Colúmbia, na sua primeira entrevista com a Sra. Piper, apresentou-se oculto por máscara. Pela médium se lhe manifestou o pai. Fez-lhe o professor, então, 205 perguntas. Para verificar a exatidão das respostas que lhe foram dadas, assim como as de várias outras entidades comunicantes, o professor teve que fazer longas viagens através dos Estados Unidos, houve que se entregar a buscas de papéis, a inquéritos exaustivos, mas que lhe deram a certeza da autenticidade das mensagens. (1)

Tal impressão causou o fenômeno no ânimo do ilustrado cientista, que fez ele a seguinte observação:

> Para o leitor estranho, a narrativa de uma sessão não pode produzir a certeza que se apodera do parente ou amigo do morto, quando ele encontra, após longo espaço de tempo, os hábitos de linguagem, o torneio das frases, as expressões pitorescas, o modo de discutir, tão bem conhecidos e que caracterizavam, de maneira certa, aqueles com os quais tanto estivera em contacto. (2)

Médium notável é também a filha do professor Santoliquido, ex-diretor dos serviços de Higiene na Itália e há pouco falecido.

Filha e pai eram extremamente materialistas e, a respeito de Espiritismo, absolutamente cépticos.

A folhas tantas a moça começa a manifestar os sintomas da mediunidade.

O Professor Santoliquido expôs minuciosamente o caso em várias conferências e em uma de suas monografias (3), e o Professor Gustavo Geley analisou-o, detidamente, na "Revue Métapsychique" (1922, págs. 75-87).

---

(1) Sage, "Mme. Piper", 177 e segs.

(2) "Revue Scientifique et Morale", maio, 1902, páginas 266; Sage, **obr. cit.**

(3) Rocco Santoliquido, "Observation d'un cas de Mediumnité Intellectuelle".

O *ser* transmitia mensagens de notável elevação e beleza, não tendo o seu estilo nada de comum com o da médium nem com o do professor.

Depois de restabelecer os episódios impressionantes da mediunidade de Luísa, a filha do Professor Santoliquido, o Professor Geley chegou à conclusão de que a hipótese espírita se impunha diante do estudo sério da questão.

Ora, a "personalidade" lia na consciência de todos; tinha sua vontade e reflexão distintas; apreciava as coisas por sua maneira própria e fazia predições nefastas que se realizaram e que escapavam, em absoluto, a qualquer previsão lógica.

O que a "personalidade" dizia era sempre certo e demonstrava que via e julgava melhor que o professor.

Nota, ainda, o mestre, a cujo trabalho nos referimos, que "a oposição já tão acentuada quanto ao estilo e às idéias, entre a *personalidade,* a médium e os experimentadores, ainda se tornava maior no domínio dos sentimentos, no julgamento dos acontecimentos e das coisas". De maneira que, declara Geley, para explicar isto não bastará uma hipótese única, senão uma série de hipóteses, das quais nenhuma é demonstrável, nenhuma é verossímil.

A *personalidade* — acrescenta ele — que sabia coisas extraordinárias, que previa, que tinha opiniões acertadíssimas, que dizia tudo exato, afirmava — e isto não obstante todas as sugestões contrárias, e apesar das convicções materialistas da médium, do professor e dos circunstantes — que era um Espírito.

E por fim interroga o mesmo Geley:

"Ela pode tudo e ela sabe tudo. Mas num ponto, num único ponto há de errar ou há de enganar a nós: é sobre sua verdadeira natureza. Por que este erro grosseiro e constante? Por que essa mentira inexplicável?..."

Que o respondam os adversários da hipótese espírita.

Entre os casos nunca impugnados, sobressaem os devidos à mediunidade de Helena Smith, estudada num livro célebre de Teodoro Flournoy — "Des Indes à la planète Mars".

Os casos de Helena se tornaram dignos de registro, já pelo seu valor, já pelo estudo que deles fêz o eminente psicólogo de Genebra.

Além da reprodução de cenas de vidas passadas da médium, por ela se manifestam diversas entidades, entre as quais poderemos mencionar a de João, o Carreiro, que se revela com pormenores dignos de relevo. O cura Burnier e o síndico Chaumontet, mortos havia mais de 50 anos, escrevem com a caligrafia que tinham em vida e se assinam por maneira a não deixar dúvidas.

Flournoy lançou-se em inquirições, onde não faltaram as buscas nos registros de nascimento, casamento e óbito, tendo dado muito que fazer ao arquivo da comuna de Chessenay, por onde nunca andou a senhorita Smith.

O professor afirma que nem a médium nem sua mãe tiveram a menor noção do cura e do síndico. E ele, que fazia esforços por apresentar uma tese que dispensasse a intervenção dos Espíritos, conclui:

> Há pessoas que caem das nuvens quando se lhes fala da possibilidade das lembranças latentes... Os filósofos, por sua vez, dir-se-iam com o demônio a mandá-los olhar por trás dos bastidores da memória e da imaginação; e quando a obscuridade não os deixa ver nada, têm a mania de supor que acabaram de achar o que queriam e que foi feita inteira luz sobre tudo. (1)

No conhecido livro de Alexandre Aksakof, "Animismo e Espiritismo", encontram-se inúmeros casos de identificação de Espíritos.

O velho conselheiro, diretor do "Psychische Studien", de Leipzig, fazendo um trabalho metódico, classificou as diversas manifestações em vários capítulos, onde se encontram as contrárias às convicções do médium, as contrárias ao seu caráter e aos seus sentimentos, as que lhe estão acima do nível intelectual, as de fatos que lhe são

---

(1) Flournoy, "Des Indes", págs. 410-11, 2ª ed., Genebra.

desconhecidos, as de fatos completamente ignorados por todos os presentes, as manifestações de crianças, as feitas em línguas estrangeiras e por aí além.

Nas comunicações em língua desconhecida do médium há a notar os casos de miss Edmonds, a filha de emérito jurisconsulto norte-americano, os do Sr. Turner, os de miss Scongall e da Sra. Corvin, que conversava com um assistente por meio do alfabeto dos surdos-mudos, alfabeto inteiramente desconhecido pela médium. (1)

Nos fenômenos de escrita em que se reconhece a do defunto, são dignos de relevo: a carta da Sra. Livermore, que estabeleceu a sua identidade, já apresentando os característicos que tinha em vida, já a letra própria, como ainda escrevendo em francês, língua que a médium, Kate Fox, ignorava; o caso de uma assinatura, que um banqueiro reconheceu; a escrita direta de uma parenta de Aksakof.

Pela mediunidade da Sra. Conant foram identificadas diversas pessoas que viveram em vários países, como os casos de Chamberlain, Violette, de Robert Dale Owen...

Há a considerar, ainda, a comunicação de fatos que só podiam ser revelados pelo morto e entre estes se notam o caso do filho do Dr. Davey, envenenado e roubado em alto mar; o da descoberta do testamento do barão Korf; o do Espírito Jack, que indica quantias que lhe são devidas e as de que ele era devedor.

Nas comunicações não espontâneas há diversas respostas dadas pelos Espíritos a perguntas feitas em cartas fechadas, etc., etc.

Convém referida, nesta resenha, uma das mais importantes obras que tratam deste caso especial de identi-

---

(1) Ultimamente na Inglaterra foram recebidas mensagens num egípcio do tempo dos faraós, com várias e espantosas revelações. O fenômeno vem descrito por autores ingleses, entre os quais se destaca o Dr. Wood, com sua obra "O Antigo Egito Fala" — **Nota da 2ª edição.**

ficação, senão a maior: a obra de Ernesto Bozzano, intitulada — "Casi di Identificazione Spiritica"; nela se encontram as provas mais evidentes de que os mortos se manifestam e demonstram, por suas indicações, que são pessoas falecidas.

*

Um caso moderno.

É justo que revigoremos a nossa documentação com um fenômeno contemporâneo, que se revestiu de caracteres impressionantes, pela ambiência científica em que se produziu, pelas personagens nele envolvidas, pelo escrupuloso psiquista que dele dá testemunho, pela repercussão que teve nos meios técnicos da Grã-Bretanha.

Trata-se da manifestação mediúnica do capitão Irwin, o malogrado comandante do gigantesco transatlântico aéreo "R 101".

Foi do conhecimento geral o grande desastre dessa aeronave inglesa, verdadeiro transatlântico aéreo, cuja queda ocasionou a perda de muitas vidas e a destruição total do aparelho.

A manifestação do Espírito do seu comandante, pouco tempo depois do desastre, não deixa dúvida sobre a autenticidade do fato.

Quem o relata é Harry Price, cujo nome, por si apenas, basta para que a narrativa se imponha a toda gente. Além da conhecida probidade do experimentador, há ainda as testemunhas presentes e as circunstâncias da experiência, que têm causado grande espanto e despertado sensível curiosidade na Inglaterra, nos Estados Unidos e fora desses países.

A narrativa minuciosa do caso vem exposta no "Psychic Research", de julho de 1931.

O falecido capitão Irwin se apresentou dois dias depois do nefasto acontecimento, isto é, a 7 de outubro de 1930.

Entre os presentes à sessão achava-se o vice-diretor do "Nash's Magazine", importantíssimo periódico de New York.

O comandante, apesar do estado de semiconfusão em que ainda se encontrava, dada a brevidade do tempo decorrido entre a sua morte e a manifestação, discorreu proficiente e tecnicamente sobre as peripécias do desastre, deixando os circunstantes bastante admirados.

O texto datilografado dessa comunicação *post mortem* foi levado a várias personalidades do Ministério da Aeronáutica, na Inglaterra.

Um oficial das oficinas em que se construíra o "R 101" examinou a comunicação e achou-a extraordinária.

Assim, dissera o comandante que estava inteiramente errada, por exorbitante, a proporção do carbono e do hidrogênio, fato de que ninguém sabia, porque essa combinação fora preparada em segredo.

Entre outras coisas impressionantes e de caráter técnico, só compreensíveis pelos aeronautas, disse mais o Espírito de Irwin, que o seu navio aéreo tinha quase batido nos telhados de Achy.

Esse povoado não figura nos mapas geográficos, tal fato não era conhecido e só em pouquíssimas cartas aeronáuticas se assinala aquela localidade.

Duvidou-se, pois, da referência, porém, pesquisas posteriores fizeram saber que Achy é uma aldeia, a 10 milhas de Beauvais, e se encontrava na rota do "R 101". E as pessoas ali residentes declararam que a aeronave foi vista a passar muito perto do solo.

Levou-se, ainda, a comunicação de Irwin à comissão de inquérito sobre o desastre e viu-se que a concordância era perfeita entre o relatório do malogrado comandante e o da comissão.

Dada a honestidade do relator, a sua capacidade intelectual e o fato de estar esse caso de identidade relacionado com um acontecimento mundial, a ele se têm referido vários jornais de todo o globo. Aqui apresentamos apenas o mais sucinto resumo que nos foi possível fazer da narrativa.

*

Revelações não conhecidas dos homens.

Tratemos, aqui, de um assunto correlato ao da identidade e nos detenhamos nas observações de um pastor de S. Paulo, o rev. O. M., que apresenta a objeção seguinte, num opúsculo intitulado — "Porque não sou espírita":

> Leiam-se as páginas de Maeterlinck e William James, para não citar outros. Se se pergunta ao pretenso Espírito desencarnado alguma coisa do Além, alguma coisa que ultrapassa as suas experiências ou noções terrenas, ele evasivamente responde, por exemplo, que está fazendo muito calor (W. James).

Não é bem verdade isso. William James e Maeterlinck não eram tão ignorantes dos fenômenos psíquicos.

Já vimos como superabundam os exemplos de que os "pretensos Espíritos" dizem *alguma coisa mais* do que "referências ao calor". (1)

Quanto ao que toca, particularmente, ao Além, já foi publicado, no "Reformador", importante monografia de Ernesto Bozzano (2), onde este escritor narra passagens diversas colhidas em pontos vários, sobre esse Além; os "pretensos Espíritos" falam dele, sem lhes importar o calor que está fazendo — e o que é mais — as passagens são todas acordes, apesar da diversidade de tempo, de lugar e de comunicantes.

Se, portanto, W. James e Maeterlinck tiveram a opinião que lhes atribuem, erraram. É só o que há a concluir.

---

(1) Leiam-se atualmente as obras psicografadas por Francisco Cândido Xavier. — **Nota da 2ª edição.**

(2) Atualmente em livro: Bozzano, "A Crise da Morte". — **Trad. de G. Ribeiro.**

Não parecerá isso exato, porém, a quem conhecer as idéias desses autores.

William James diz, por exemplo:

> Eu creio e o vejo claramente que há "alguma coisa" nesses intermináveis **"comptes rendus"** dos fenômenos físicos...
>
> Isto se torna para meu espírito um problema simplesmente digno de investigações. (1)
>
> O que eu quero atestar é a presença, em meio de todo o aparelhamento da farsa, **de um conhecimento verdadeiramente supranormal.** (2)
>
> A única certeza é que os fenômenos são formidavelmente complexos e que é preciso ter em conta as proezas da mediunidade intelectual como a de Swedenborg. (3)

Isto é alguma coisa mais do que a apreciação que se atribui ao grande filósofo.

Vem agora a propósito tratar da puerilidade de algumas mensagens e das suas divergências.

Diz o conferencista, transcrevendo Jules Bois:

> Os Espíritos variam de opinião segundo os "médiuns"; cristãos, nos meios cristãos, agnósticos e anticlericais entre os livre-pensadores. Cada grupo se distingue do seu vizinho...

Por certo. Cada grupo tem a sua *entourage*, no espaço, a que chamaríamos sua ambiência espiritual. É lei de afinidade psíquica, lei espírita, a de que estamos cercados de Espíritos que participam de nossas idéias, de nossas inclinações, de nossos pendores. Assim, as mais das vezes, os seres invisíveis, que se apresentam nas sessões, aparecem com as nossas opiniões e teorias — cristãos, agnósticos e anticlericais —, conforme o modo de ver dos grupos. Mas, isso não é doutrina absoluta, senão apenas uma circunstância, um fato que se pode dar.

São inúmeros os exemplos de manifestações espíritas em completa e formal divergência com os núcleos, ou

---

(1) "Estudos e reflexões de um psiquista", ed. Payot, pág. 331.

(2) Id., pág. 332.

(3) Id., pág. 334.

mesmo com as assembléias onde eles se comunicam e com os médiuns que lhes servem de intérpretes; já o vimos.

Há contradições entre os Espíritos, como há entre os homens. Isto não quer dizer que entre os homens, como entre os Espíritos, não se possa perceber o que está certo.

Aí a razão por que não é esta religião *"a mesmíssima por toda parte"*, como queria o pastor; o que não quer dizer que não tenha já sua doutrina absolutamente firmada em muitos pontos, pelo testemunho universal dos Espíritos, e já não se esteja firmando nos demais, pelas continuadas rajadas que sopram das paragens do outro mundo.

Moisés, Horácio, Virgílio — declara o nosso irmão — aparecem nas sessões e suas revelações andam por aí em **alentados volumes** (é nosso o grifo), mas nunca puderam ajudar a crítica a reconstruir um texto corrompido de seus escritos, para satisfação dos estudiosos e vitória do Espiritismo.

Nunca tivemos o prazer de ver esses *alentados volumes* e, se existem, parece que ninguém lhes dá importância.

Mas, não são precisos os volumes alentados daqueles vultos, para que se prove a possibilidade de virem os Espíritos ajudar-nos a reconstruir um texto corrompido.

Para não ir muito longe, citemos o fato narrado por "Luce e Ombra", de Milão, no seu número de julho de 1905:

Modesto carteiro italiano, de nome Peziardi, mal conhecia a sua língua, e escrevia, entretanto, poesias em idiomas que ignorava por completo. Certa tarde, encheu uma folha de papel com uma série de sinais que ninguém podia interpretar. Essa escrita estranha foi apresentada ao célebre paleógrafo, professor Gorresio, então diretor da Biblioteca da Universidade. Este, profundamente estupefacto, perguntou quem tinha escrito semelhante página, e o puseram, então, a par de toda a história.

Seria impossível descrever o espanto do sábio e mais, ainda, o de seu visitante, quando se verificou que o escrito era a reprodução integral de uma inscrição única, a qual, desde muitos anos, jazia inexplicada no museu de arqueologia, havendo Gorresio tentado em vão, muitas vezes, interpretá-la, porque o tempo lhe havia apagado muitos sinais; além disso, a pedra se tinha quebrado e era impossível adivinhar o fecho da inscrição.

Agora, com o escrito do carteiro, estava de posse do texto completo e lia que certo chefe bárbaro implorava a proteção da divindade para sua tribo.

Quanto ao texto das escrituras, seriam suficientes as obras de Allan Kardec para demonstrar que os Espíritos vêm ajudar-nos a reconstituí-lo; e, se elas não bastam, temos ainda a de Roustaing, além de outras. Há pouco, os círculos religiosos da Inglaterra muito interessados se achavam com um trabalho mediúnico — "Os escritos de Cleofas", devido à escrita da Sra. Cummins, onde se trata de determinadas dúvidas escriturísticas.

Alguns psiquistas, mesmo dos que estudam a sério tais questões, caem no engano de afirmar que nada nos tem sido revelado pelas personalidades dos mortos, que já não fosse conhecido do comum dos homens. Mas os fatos desmentem tal asserto, senão vejamos:

Disseram os Espíritos, a Kardec (1), que a solidificação da matéria é, em realidade, um estado transitório do fluido universal, podendo ela voltar a seu estado primitivo quando deixem de existir as condições de coesão. A propósito, observa Regnault (2), que, em 1868, ousar tal afirmativa, era tornar-se o temerário réu de heresia perante a Ciência: acreditava-se, então, que o átomo era a parte imortal da matéria, conhecida, apenas, nos seus três estados; ora, depois dessa época, Crookes chegou ao quarto estado e o descobrimento da radioatividade modificou, por completo, as noções existentes até então, sobre o assunto.

O Espírito de Spencer Stattforde revelou à médium, Mme. d'Espérance, a possibilidade da telefonia, isto 30 anos antes dessa prodigiosa invenção e sendo a médium ignorante em questão de física. (3)

---

(1) Allan Kardec, "La Genèse", págs. 305, ed. 1868.

(2) Henri Regnault, "Les Vivants et les Morts", página 209.

(3) Cesar Lombroso, "Richerche sui Fenomeni Ipnotici e Spiritici".

Os Espíritos já falavam do fluido humano, muito antes que a noção das substâncias imponderáveis se tornassem correntes na Ciência. E a respeito, observa Gabriel Delanne: — Não houve encolher de ombros suficiente no acolher aquela *asneira,* visto como, além do gás, não se acreditava pudessem existir mais formas materiais. (1)

Descobrimento que não foi feito em transe mediúnico, mas que tem todas as características da inspiração transcendental é o dos dois satélites de Marte, numa fantasia de Swift. (2)

Swift refere-se, no seu romance, a dois satélites daquele planeta, de que ninguém tinha conhecimento, porque isso foi 172 anos antes que o astrônomo Halle, de Washington, os tivesse revelado ao mundo científico.

O romancista determinou a distância exata em que os satélites estavam do planeta e o respectivo período de revolução em torno dele.

Quando Swift publicou sua peça humorística, onde descrevia o satélite mais perto, movendo-se à distância de três diâmetros do centro de Marte e o mais afastado à de cinco; quando apresentou o 1.º, com sua revolução em 10 horas e o 2.º em 20, todos perceberam logo que Swift estava a fazer *humour*; que ele podia ser um bom novelista, mas de astronomia não entendia nada, tais os seus erros de cálculo.

Mas Halle, em 1877, descobriu tudo como havia previsto o novelista, de sorte que ficaram os doutos surpresos ante tão pasmosa coincidência, e, para muitos, o caso ainda é de inexplicável adivinhação.

No ano de 1866, Allan Kardec contava a seguinte visão que teve: Vira, num ângulo de parede, uma inscrição com estes dizeres: — *"Descobrimos que a borracha, em torno de uma roda, faz uma légua em dez minutos..."*

---

(1) Gabriel Delanne, "Les Apparitions Matérialisées", págs. 344, 1909.

(2) Jonathan Swift, "Gulliver's Travels".

O que aquilo queria dizer ninguém soube, nem se prestou mais atenção ao caso, que deveria, como todos desse gênero, figurar entre os casos comuns de alucinação. Entretanto, a indústria da borracha toma notável incremento; fabrica-se muito depois o automóvel, e os pneumáticos, em torno das rodas, vieram explicar a visão. (1)

Este caso é referido por Henri Sausse: Num grupo espírita, denominado *Amitié,* no ano de 1885, um Espírito que deu o nome de Bichat, anunciou que, no ar que respiramos, havia outros gases, além dos conhecidos, e, entre eles, o argônio. Oito anos depois, em 1894, o argônio era descoberto pelo grande Ramsey.

Em 1883, o "Reformador" (2), órgão da Federação Espírita Brasileira, no seu primeiro número, transcrevia a mensagem de um Espírito; este dizia que, em tempo futuro descobrir-se-ia a navegação aérea: grandes aeronaves, com possantes máquinas, acionadas por motores de muita força, cindiriam o espaço como os transatlânticos cindem os mares e encurtariam, de muito, a distância entre os continentes. E naquela época quem poderia imaginar a existência dos zepelins ou sequer dos aeroplanos?

Diante dos fatos, não importa, pois, aquela afirmativa de que os Espíritos nada tenham dito que o não saiba o comum dos homens.

E convinha que meditassem no assunto os que, prazenteiramente, se vão logo assenhoreando de tão gratuitas asserções, e as esposam, e as enaltecem, e as repetem, e as espalham.

*

Informação e doutrina.

No capítulo da autenticidade das manifestações do Além, cumpre indagar: a) — se é verdadeira a personalidade manifestante; b) — se é verdadeiro o que ela nos

---

(1) "Revue Spirite", págs. 172, 1886.
(2) O "Reformador", 21 de janeiro de 1883.

diz. No primeiro caso trata-se de verificar a *identidade do Espírito,* no segundo, a *veracidade da informação.*

Já vimos como ambas têm sido conseguidas. Há um ponto, porém, de maior valor, e é o que diz respeito à doutrina que estes Espíritos nos têm trazido e que formam o conjunto dos ensinamentos espíritas.

Ainda neste ponto os antagonistas caem a fundo contra os defensores da causa espírita, assegurando a impossibilidade de se estabelecerem pontos doutrinários, quando não se sabe se estão a falar verdade os mensageiros do Espaço.

Muitos costumam valer-se, como arma de combate, de informações contraditórias dos Espíritos, para perguntar-nos, em ar de triunfo: — mas, afinal, quem está certo? Como se poderão daí estabelecer princípios?

O que forma a doutrina é aquilo que vem dito, concordantemente, de toda parte; são as lições contestes de várias fontes; são as revelações uniformes transmitidas por vários médiuns que não se conhecem, oriundas de vários países, provindas de várias raças, enunciadas em várias línguas e surgidas em todos os tempos.

Anos antes da codificação espírita, a vidente de Prevorst manifestava-se por forma que provocou de um experimentador, o Sr. René Sudre, os seguintes comentários, tanto mais dignos de nota, quanto partiam de obstinado materialista, empenhado sempre por descobrir nos fenômenos psíquicos causas não espíritas.

"Il est curieux de constater que vingt ans avant les événements dans la famille Fox, à Hydesville, le spiritisme était né avec toutes ses caracteristiques, dans ce petit village wurtembergeois." (1)

Já a vidente relatava muito do que, mais tarde, Allan Kardec vinha apresentar ao mundo como ensinos do Além.

---

(1) "É curioso notar que vinte anos antes dos acontecimentos da família Fox, já o Espiritismo tivesse nascido com todas as suas características nessa pequena aldeia wurtemburguense". "Revue Métapsychique", pág. 274, 1922.

O fato da concordância nos dizeres do médium, a maioria dos quais totalmente ignorantes dos princípios espíritas, não escapou, também, à perspicácia de vultos da estatura de Russel Wallace, o eminente naturalista inglês, que assim se expressa:

> Havendo em geral os médiuns sido educados em qualquer das crenças ortodoxas usuais, como se explica que as noções sobre o paraíso não sejam nunca confirmadas por eles? Nos montões de volumes ou brochuras da literatura espírita não se encontra nenhum vestígio de espírito descrevendo **anjos** com asas, **harpas de ouro** ou o **trono de Deus**, junto dos quais, os mais modestos cristãos ortodoxos pensam que serão colocados, se forem para o céu.
>
> Nada há mais maravilhoso na história do espírito humano que o seguinte fato: quer seja no fundo dos bosques mais remotos da América, quer seja nas cidades menos importantes da Inglaterra, mulheres e homens ignorantes, quase todos educados nas crenças sectárias habituais do céu e do inferno, desde que foram tomados pelo estranho poder da mediunidade, deram a esse respeito ensinamentos que são mais filosóficos que religiosos e diferem totalmente do que tão profundamente lhes havia sido gravado no espírito. (1)

O mesmo problema não passou despercebido, ainda, a Frederico Myers, professor de Cambridge, de quem Flournoy dizia que seu nome deveria inscrever-se ao lado do de Copérnico e de Darwin, para completar a tríade dos gênios que mais profundamente revolucionaram as noções científicas. E do mesmo passo, dizia Myers:

> Para o pesquisador esclarecido e consciencioso, tais pesquisas conduzem lógica e necessariamente a uma vasta síntese filosófica e religiosa.
>
> Essas observações, experiências e induções abrem a porta a uma revelação nova. (2)

Estudando várias mensagens, analisando-as, comparando-as, foi que Allan Kardec formou a filosofia espí-

---

(1) Alfred Russel Wallace, "Miracles of Modern Spiritualism".

(2) Fred. Myers, "Human Personality".

rita. O código kardecista é o resultado, por conseqüência, de ensinamentos concordantes.

Certo, muito haverá, no corpo doutrinário, que refundir, que reformar, que esclarecer, que acrescentar. Di-lo o próprio Kardec. O Espiritismo é um organismo vivo; muito ao contrário das demais religiões, empedernidas pelo dogma, estacionárias pelo princípio da infalibilidade, obsoletas pelo carrancismo das idéias, ele acompanha a evolução humana, e sua revelação progressiva se irá apresentando na medida de nossas necessidades espirituais e na conformidade de nossas aptidões.

Acreditamos, ainda, que Allan Kardec, ao apresentar a Doutrina Espírita, fosse assistido por potências superiores, e a nossa crença não se baseia na fé religiosa nem é filha do fanatismo, mas se escuda nos fatos.

Vê-se que, depois de meio século, e após formidáveis investidas, essa doutrina resiste aos ataques da crítica filosófica e do negativismo científico. As doutrinas religiosas limitaram-se a opor-lhe velhos textos e cediças interpretações, e a Ciência nada mais tem feito que confirmar o que Allan Kardec expôs.

Assim, vendo-se os fatos robustecerem o ensino dos Espíritos, os quais, aos olhos do mundo, não passavam de risível fantasia, e notando-se-lhes a lógica irresistível, queremos crer que o *Codificador* tivesse uma iluminação especial.

TRINTA ANOS DEPOIS

Que se nos permita colaboremos neste pequeno capítulo com a nossa contribuição pessoal — livres, já se vê, de pô-la de lado, os que a julgarem suspeita.

Foi em meados de 1923. Freqüentávamos várias sessões espíritas. As "mensagens" recebidas, se eram, algumas vezes, monótonas ou pueris, tornavam-se, outras, de inigualável brilho; os conselhos, as lições de moral deixavam-nos comovidos. Havia naquele intercâmbio com o desconhecido notas interessantes que não podiam deixar de impressionar os estudiosos. O autor, porém, nunca tivera a prova decisiva da intervenção do outro mundo. E ficava a refletir se não estaria a perder seu tempo; se tais revelações não proviriam do subconsciente, como querem alguns; se não existiriam, no fundo de nossas almas, esses lençóis subliminais de que falava Flournoy, onde a consciência ia buscar os seus enredos, os seus romances, as suas imagens. Chegou a tomar-nos o desânimo. Que é o que nos provaria a existência dos mortos?...

Por essa ocasião, apresentaram-nos uma jovem, egressa de um recolhimento católico, sem pais, sem família, sem ninguém que por ela se interessasse e que vivia, então, de costura, hábil costureira que era.

Logo ao sair do recolhimento, fora recomendada a uma senhora de muita devoção e muito temente a Deus, incapaz de faltar à missa e ao confessionário. Por todas essas virtudes e outras mais, confiaram-lhe a donzela, em que ninguém mais pensou.

A moça, porém, via Espíritos e conversava com eles. No recolhimento, contara-o a uma "irmã", a qual, carinhosa e boa, lhe aconselhara que escondesse o fato das outras recolhidas e, sobretudo, das outras irmãs, não lhe fosse ele ser motivo de futuros desgostos.

E ela assim o fez, mas, na casa da piedosa velha, esqueceu o salutar conselho e, confiante, revelou o segredo das aparições e das falas àquela que supunha sua protetora e amiga.

Palavras para que disseste!... Foi um Deus nos acuda. A velha, ao ouvir a história, deu um pincho formidável, como se os grifos de Satanás já lhe apertassem a garganta. Berrou, como uma possessa, que tinha o demônio em casa; saiu a correr de um lado para outro, desatinada, sarapantada com o imprevisto da catástrofe. E a medida que lhe pareceu mais oportuna, no momento, tanto para a salvação da alma como para a expulsão do "tinhoso", foi lançar mão de um pau e dar com ele, furiosamente, na cabeça da "energúmena".

A moça fugiu, espavorida.

Depois desta casa andou empregada em várias outras casas, mais ou menos religiosas todas, onde sua mediunidade era como pedra de escândalo.

Ela, entretanto, dir-se-ia um caso raro entre pessoas de sua idade. Tinha vida de santa, tais os sacrifícios e provações por que passava. Nunca entrara num cinema; as festividades, quaisquer que fossem, não só não a atraíam como a aborreciam. Só se alimentava de vegetais e assim mesmo com muita sobriedade. E atravessava, só, a vida, sem mão protetora e sem vigilância, conservando, num meio corrupto como a sociedade, o corpo e a alma imaculados.

Como lhe dessem de conselho procurar o *Espiritismo*, dirigiu-se à Federação Espírita Brasileira. Foi lá que a conhecemos e a encaminhamos a uma reunião de estudos e trabalhos práticos.

Logo às primeiras sessões, começou a revelar-se sua espantosa e excepcional mediunidade. Por ela se manifestavam parentes ou conhecidos dos circunstantes, que lhes falavam sobre assuntos íntimos, com grande precisão de fatos e variedade de pormenores, identificando-se todos, por forma como nunca tínhamos visto.

A inflexão da voz dos Espíritos manifestados, o seu estilo, as revelações que faziam, os segredos que mostravam conhecer, tudo era motivo de pasmo para os interlocutores. Chegamos a apreciar cenas verdadeiramente emocionantes.

Entretanto, nada nos tocara de perto. As provas eram sempre para outros. Por mais absurda que fosse a suposição de uma fraude, de um conluio, a nossa exagerada desconfiança não a excluía por completo.

Estávamos nesse estado de ânimo, talvez inconsciente despeito por não se nos apresentar nenhum conhecido morto, quando a jovem, adormecida, disse, voltada para nós: — Meu filho!

Aquela frase era pronunciada com inconfundível doçura. Meu filho! E aquela voz como que já a ouvíramos em longínquas épocas.

Mas era comum tratarem-nos os Espíritos por aquela maneira carinhosa. Outras vezes, havia, entre os presentes, alguns filhos com quem vinham falar os pais falecidos. Por forma que ficamos indiferentes à manifestação. Ela, porém, dirigia-se diretamente a nós; o Espírito falava de suas saudades, da dor da separação, de nos haver deixado, quando ainda éramos tão pequenino...

O autor destas linhas perdera a genitora, na Bahia, aos primeiros dias de nascido e, ao supor que falava com sua mãe, sentiu emoção intensíssima. Mas procurou serenar-se, a fim de que a turbação de ânimo não prejudicasse a análise do fenômeno.

Encetada a conversa, porém, tomou-nos grande desapontamento. A "entidade" assegurava ter-se separado de nós quando tínhamos cinco anos de idade; que falecera deixando-nos aos dez; que estando mal, na Bahia, pedira telegrafassem para o Rio, a chamar-nos...

Ora, tudo isso parecia uma fábula. Nossa genitora baixara ao túmulo quando mal abríamos os olhos à existência.

Mas o ser invisível rememorava o passado, como se o levantar-lhe a cortina amenizasse as dores de uma longa separação. E continuou:

Que, às portas da morte, pedira chamassem o filho e o neto; um telegrama anunciara a partida dos dois; afinal, um só chegara lá, o neto. E este não a encontrara. Ela, porém, o vira, porque o ficara esperando do outro lado, entre a alegria de revê-lo e a mágoa de não mais poder abraçá-lo. Este neto éramos nós.

Todo o nosso desânimo, toda a nossa gelidez desapareceram. Tínhamos compreendido tudo: quem falava conosco era a avó, a boa velhinha que nos criara com entranhado afeto até os cinco anos de idade, em Salvador. Depois viemos para o Rio de Janeiro, onde estava nosso genitor, que convolara a segundas núpcias.

Grande fora o desgosto, tristes os dias que passou a velha com a ausência do querido neto. O seu maior desejo era vê-lo ainda, e o alimentara durante cinco longos anos. Ansiando sempre por nossa presença, fechou os olhos à luz do mundo. E agora que voltava a ele e nos falava por intermédio de uma dessas raras e privilegiadas criaturas, suas primeiras palavras foram para evocar o episódio que lhe povoara a imaginação até os últimos momentos, que se lhe gravara na retina espiritual e que deveria tê-la seguido na eternidade, com os doces sorrisos da esperança, os quais, como víamos, não se apagavam, ainda mesmo no cairel da sepultura.

E ouvíamos, de novo, chamar-nos filho. E revivíamos aquela terna expressão, tantas vezes, outrora, pronunciada pelos lábios duplamente maternos; ela emergia do ataúde, depois de quase trinta anos, sem que o tempo e a crise da morte lhe pudessem amortecer a tonalidade afetiva. E essa era de molde a compensar-nos de todas as desilusões e de todos os trabalhos que nos têm trazido as lutas pelo Ideal ou os embates dolorosos da peregrinação planetária.

Seria longo discorrer sobre o diálogo que mantivemos. Pareceu-nos ver, de quando em quando, equívocos nos informes e nos dizeres da "entidade espiritual". A idade em que a deixamos tornava impossível perceber a autenticidade completa de todo o seu relato.

Pusemo-nos em indagações. E tudo se confirmou ponto por ponto.

Os homens de ciência e os homens de fé esforçam-se por convencer-nos, aqueles de que tais fatos promanam do subconsciente e estes, de Satã. E nós indagamos: com que fins o subconsciente da médium revestiria, de modo tão convincente, a personalidade de nossa finada avó e por que processos colheria informes desconhecidos, assim dela, como de nós, como dos presentes e até de toda a gente?!...

E, no segundo caso, por que Deus haveria de permitir que o demônio nos enganasse, e conspurcasse o que temos de mais caro, de mais sagrado?... Por que deixar no poder desse demônio todas as provas que asseguram a imortalidade, quando as Igrejas, que no-las deviam fornecer, são, neste ponto, da mais lamentável indigência?

Vê-se bem que cientistas e religiosos não saberiam responder-nos. E seus argumentos, absurdos e lacunosos, só teriam um escopo: retirar à Humanidade a pequena réstia de luz que se infiltra no escuro plano da vida.

CONCLUSÃO

Chegamos ao termo da caminhada.

A estrada a percorrer seria, ainda, um tanto longa, mas força é que façamos uma estação de repouso.

Cumpre acrescentemos que não nos animou, aqui, jamais, o desejo de atacar qualquer religião. O Catolicismo ainda nos parece impressionante pela majestade dos seus templos, pela solenidade de suas cerimônias, pela beleza de sua arte. Comove o Protestantismo com seus pastores graves e honestos, com a religiosidade de seus hinos, com a austeridade de sua fé! Mas lhes não poderíamos deixar passar sem reparos os graves erros doutrinários, as práticas inconciliáveis com os ensinos cristãos.

As zumbaias dos ministros da Igreja aos ministros do Estado; a conivência com a força; a cumplicidade com os crimes sociais; o silêncio diante dos abusos; o fausto, a pompa, o luxo, a arrogância, o orgulho, as proeminências; a mão dada aos que estão de cima; o apelo aos poderes públicos para a obtenção de privilégios e favores; a aliança com opressores e tiranos; as violências; o cerceamento da liberdade de consciência; os trabalhos à socapa; a propaganda por baixo de mão; o espírito de intolerância, que esmorece, que afrouxa, que apaga, que mata todo o sentimento de solidariedade; a coação, as perseguições, tudo que é de molde a desprestigiar a Igreja Católica, cujos alicerces por isso mesmo começam a ser minados, não pode ser passado em silêncio, e não o pode, em benefício da própria Religião.

O mesmo diríamos da Igreja Protestante, quando a sua intolerância, a sua ortodoxia, os seus anátemas, os prejuízos hereditários que trouxe do tronco de que se partiu, a conduzem, também, por caminhos inviáveis.

Convinha não esquecer, também nós, que não estamos isentos de perigo: entre os sãos princípios espíritas, esgueira-se, introduz-se o escalracho, quer se denomine ele mercantilismo, quer se chame fanatismo. Não é fácil extirpar o egoísmo ancestral; nem sempre se extingue o interesse do homem, ainda que ele saiba que se deve dar de graça o que de graça se recebe. De outro lado, por preguiça mental, por comodismo, por fraqueza, existe a tendência a abdicar do raciocínio, a abandonar todo esforço, e, assim, à infalibilidade do Papa e da Bíblia, substitui-se, algumas vezes, a do médium.

É preciso, pois, que estejamos de sobreaviso, a fim de não cair nos mesmos erros religiosos de todos os tempos, erros que fazem estacar a evolução humana. Os livros infalíveis, os dogmas, os ensinos irrecorríveis, a "última palavra" não se coadunam com os princípios de uma filosofia progressista, que não pode nem deve parar, porque busca a Verdade, e a Verdade, que tem uma infinidade de facetas, ainda está muito longe de ser atingida!

E aqui ficamos. Neste trabalho houvemos procurado responder às objeções de pastores e padres; destacaremos, entre eles, o rev. Galdino Moreira, como têmpera de homem de bem e espírito de grande cultura; o pastor Jerônimo Gueiros, orador fluente, contraditor vibrante; Armando Ferreira, polemista intimorato, escritor de pulso, estudioso, liberal; Othoniel Motta, filólogo, mestre acatado assim por suas qualidades morais como intelectuais; o padre Justino Mendes, de grande bagagem literária, opositor pugnaz, temível em sua ironia, profundo em sua erudição; José Nigro, pastor batista. Replicar a cavalheiros que tais, honra qualquer escritor, por menos modesto que seja.

Alguns, como os reverendos Galdino Moreira e Armando Ferreira já nos haviam distinguido com suas observações, e confundido com sua fidalguia.

Cremos haver-nos limitado, nesse estudo, ao terreno exclusivo da argumentação e esperamos, apesar de nossa controvérsia, poder conservar a estima de tão dignos e inteligentes antagonistas.

Por enquanto são muito diferentes as estradas que palmilhamos; havemos, porém, de encontrar-nos, um dia, na grande passagem que conduz às estâncias do supremo bem, e enquanto não nos estreitamos no amplexo que se hão de dar os que recebem a mesma luz, nem por isso deixemos de ser amigos e vamos ajoelhar-nos todos diante dAquele a quem amamos com a mesma fé, de quem esperamos com a mesma confiança e a quem temos, sinceramente, como o Caminho, a Verdade e a Vida!

TRÉPLICA

O Sangue Redentor.

O rev. J. G., no "Norte Evangélico" de 1.º de setembro (1949), abre um artigo com os seguintes títulos: *"O Espiritismo ridiculariza a doutrina cristã da redenção pelo sangue de Cristo. Excertos da 2.ª edição de "O Espiritismo Analisado", com resposta ao Dr. C. I."*

Três grandes equívocos, já no título: 1.º — O Espiritismo não ridiculariza nada; 2.º — O escrito foi nosso e não do Espiritismo; 3.º — Não ridicularizamos coisa nenhuma.

*

Trata-se da resposta do pastor J. G. ao livro "À Margem do Espiritismo". Ora, se é de nossa autoria a réplica à doutrina da redenção, a responsabilidade é pessoal, é nossa; seríamos nós e não o Espiritismo quem teria ridicularizado. Mas, quem leu este nosso livro sabe que não se pôs aqui nada a ridículo. Obra séria, para gente séria e em resposta a pessoas sérias. Como o pastor J. e outros, estes sim, remoqueassem o progresso com a reencarnação, a evolução espiritual pelas vidas sucessivas, contrapondo aos ensinos espíritas o da salvação pelo sangue do Cristo, procuramos demonstrar o desacerto da tese.

Usamos de um direito, o de defesa, com a mesma liberdade com que o pastor usou o do ataque.

A nova argumentação do ilustrado exegeta, pelo menos a do citado artigo, consiste num reforço de textos bíblicos. Seus arrazoados giram sempre em torno da Bíblia. Trabalho respeitável, mas inútil. Nem a Bíblia prova coisa nenhuma, nem temos a Bíblia como probante. O Espiritismo não é um ramo do Cristianismo como as demais seitas chamadas cristãs. Não assenta os seus princípios nas Escrituras. Não rodopia junto à Bíblia. A discussão, no terreno em que se acha, seria ótima com católicos, visto como católicos e protestantes baseiam os seus ensinos nas Escrituras. Mas a nossa base é o ensino dos Espíritos, daí o nome — Espiritismo.

Fartamo-nos de o dizer no correr do nosso livro. Nas Escrituras crê-se; mais nada. Os textos só poderão servir de alicerce aos crentes, isto é, aos que crêem, sem maiores indagações, sem qualquer elemento de convicção.

Pensamos que se o autor de "O Espiritismo Analisado" topasse como antagonista um sectarista romano, a controvérsia se resumiria num duelo de textos, e, dada a sua perícia em manejá-los, a vitória seria inteira do nosso caro irmão. Mas a doutrina espírita apresenta-se com um cárater diferente das demais revelações. E esse caráter é a prova, prova que não existe nas afirmações escriturísticas. Seus ensinos não dimanam dos vivos. O testemunho é das únicas criaturas que podem dizer do outro mundo, que são os mortos. De toda a documentação do digno pastor só merecem considerados dois pequenos pontos evangélicos, facilmente explicáveis.

O abalizado escritor, enchendo as suas páginas de citações bíblicas não altera a situação doutrinária, porque o que se discute é a lógica do processo divino, a sua justiça, a sua necessidade, a sua clareza, a sua eficácia, e, sobretudo, a prova em que assenta.

Em nada disto tocou o pastor. Nem podia tocar, que a indigência dos seus recursos, neste particular, tornariam de incrível temeridade qualquer investida. E então, quando desgarra dos textos, volta a repisar o que já disse, e passa por sobre os nossos reparos com impressionante agilidade. E senão vejamos uma de suas frases:

"Que pretensão! Acima de tudo o "cadinho dos raciocínios", dos alumiados adeptos de Allan Kardec, a ensinar sobre a natureza de Deus e do Espírito o que é da miopia humana, isto é, que o imaterial seria o nada..."

Ora, Kardec discorrendo sobre determinado assunto empregou a expressão — "o imaterial seria o nada..." No livro do pastor a frase transformou-se na declaração de que o material é nada, segundo Kardec, e Deus sendo imaterial não seria nada, ainda pelo mesmo Kardec.

Matamo-nos em explicar a significação da frase e do período que a constituía, repondo em seus devidos lugares os termos desaparecidos nas citações adversas. Não havia uma afirmação, mas uma condicional; mostramos que o propinante tinha elidido uma expressão elucidativa — *para nós* —, isto é, que para nós, humanos, que não compreendemos o imaterial, ele seria o nada. O nada seria, pois, fruto de nossa incompreensão.

Mas volta o pastor e, apesar do seu reconhecido talento, lança-nos aquela frase, onde não se sabe bem o que ele quer dizer.

Declarava ainda que o homem tinha a agência livre. Procuramos demonstrar que não era tanto assim. Sabemo--lo pelas várias ciências que estudam o homem; a liberdade daquela agência se vê muitas vezes constrangida e dificultada. Os próprios textos, onde se firma o pastor, o desmentiriam. Valeria a pena indagar se o selvagem, inculto, bravio, mesmo feroz, egoísta, sem sentimentos, poderia ter a mesma agência que o homem superior. Não deu tento do caso o eminente patrício, e diz-nos:

"Em tudo isso se porta o homem como **agente livre.** Ele pode crer e pode deixar de crer. Se ele crê, Deus vem em auxílio de sua fraqueza e, com a graça soberana, garante-lhe a perseverança, a firmeza, a segurança espiritual..."

Nesta pequena frase há um erro de fato, um erro de Psicologia, além das várias considerações que nos sugere.

O erro de fato é a garantia de Deus: Deus garante--lhe... Tem-se visto muita gente com fé não perseverar em coisa nenhuma. Aliás a garantia, só na fé, pouco adiantaria. Como poderá entrar no Paraíso um sujeito coberto de pecados? Semelhante entrada no Paraíso não entra em nenhuma cabeça normal, embora Lutero tenha dito: — *Peca, mas crê.* Embora diga a sua doutrina, ao pé das Escrituras: — *Somos justificados pela fé sem as obras da lei; estas não justificam ninguém diante de Deus.*

Mas a razão... Esse "cadinho dos raciocínios" realmente atrapalha.

O pastor teve a prudência de não tocar na questão do Bem. É de supor, a exemplo de outros, que ele diga que o bem é fruto da fé, que aquele que tem fé não peca. Mas essa asserção, facilmente aceita pelos crentes, cá fora assumiria as proporções de um escândalo, em vista do desmentido dos fatos. Daí, talvez, a louvável reserva.

Declara mais o eminente irmão que o homem pode crer e deixar de crer. Outra prudência elogiável foi deixar aquele *crer* despido de explicações.

Crer em quê?

O que parece dizer a Cartilha é que a crença é no "Unigênito Filho do Senhor". Segundo a Confissão da Fé *"para escaparmos à ira e maldição de Deus, em que incorremos pela transgressão da lei, Ele exige de nós o arrependimento para com Deus, a fé em Nosso Senhor Jesus-Cristo".*

E "a fé em Jesus-Cristo é uma graça salvadora, pela qual recebemos e confiamos só nEle para a salvação, como Ele nos é oferecido no Evangelho".

É pois elemento de salvação a fé em Cristo. E toda essa gente que, por motivos independentes de sua vontade, não conheceu Cristo? Os anteriores ao Mestre, os nascidos em povos não cristãos?...

A estes, dizem alguns, percebendo o impasse: basta a crença... A crença não se sabe em quê; uma crença qualquer. E em que ficaria a fé no Cristo?

É erro psicológico afirmar-se que poderemos crer ou deixar de crer. A crença não depende da vontade de ninguém. A própria doutrina do pastor nos diz: *"De graça sois salvo pela fé, e isto não vem de vós, é dom de Deus."* (Efésios, 2:8.)

A um amigo nosso a quem um teólogo aconselhava a fé, respondia ele compungido: — Vontade tinha eu, Professor, porém não sei onde se vende.

Ao autor destas linhas será impossível o processo de salvação pela fé. E isto porque, por mais que deseje, nunca poderá crer no sacrifício vicário. A sua razão, de que ele não tem culpa, repelirá sempre, com uma força de esguicho, a iniqüidade daquele processo, todo mecânico. Lá porque um outro pecou, ficamos mecanicamente responsáveis. E vai daí é preciso que corra o sangue do Cristo, que não tinha nada com isso, para, por esse mecanismo, ficarmos todos puros de um crime que não cometemos.

Achar que essa doutrina, além de absurda, não passa de uma reminiscência dos antigos sacrifícios, de velhas e estúpidas hecatombes, em que animais, crianças e homens eram imolados para aplacar a ira não menos estúpida dos deuses, é ridicularizar a doutrina cristã da redenção pelo sangue do Cristo. Pensa o pastor.

Há ainda a notar que a queda de Adão foi permitida por Deus, foi por Deus deixada propositadamente, para a sua glória. Lá está no Catecismo. Por maneira que, por satisfazer a vaidade divina, sacrificou-se Adão, o Cristo e a Humanidade. Tudo pela glória de Deus. É essa a doutrina que, acompanhada de interjeições e exclamações, o Reverendo opõe à da evolução humana, à do progresso espiritual, em que a criatura sobe a escada de Jacob com o suor de seu rosto, em que abre caminho para Deus através das vicissitudes da vida, do seu esforço, das suas lutas, do constante moirejar para a perfeição.

Pretensão! — diz o pastor. O certo, já se vê, é irmos para o Paraíso, não importam os pecados, a coberto do sangue do Mestre Divino.

O ESPIRITISMO ANALISADO

Já estava paginada a 2ª edição deste livro quando, devido à gentileza de Arlindo Colaço, recebemos o artigo que vem respondido no capítulo anterior. Esse artigo denunciava o aparecimento da 2ª edição de "O Espiritismo Analisado", do Pastor e Professor Jerônimo Gueiros, um dos mais ilustres, mas também um dos mais apaixonados adversários do Espiritismo. Nessa nova edição, respondia aos reparos que fizemos ao seu ataque.

Encomendamos imediatamente a obra, que se demorou em viagem por mais de um mês. Fomos, pois, forçado a escrever apressadamente as páginas que se seguem, enquanto a Editora, com a obra pronta nas prateleiras, tinha a nímia bondade de esperar-nos. Nossos sinceros agradecimentos.

A BÍBLIA

AS VEDAÇÕES BÍBLICAS

O Espiritismo é dissolvente na moral.

Baseado na Bíblia, diz o rev. J. que

"deixará sem possível resposta racional que o Espiritismo não passa de uma falsa filosofia religiosa, turbulenta na sua origem, suspeita nos processos escusos de suas sessões, falsa em sua presunção de sistema científico, danosa na charlatanice de suas receitas e na prática das evocações, contraditória na sua filosofia, dissolvente na sua moral, absurda no critério com que procura a verdade e irrisória na pretensão de ser o Consolador prometido por Cristo."

Sendo impossível, pelos limites do espaço, acompanhar de perto toda essa objurgatória, limitar-nos-emos àquilo que nos diz respeito, ou aos tópicos em que o nosso nome veio à baila.

Após a virulência da tirada, lembra o Pastor a nossa objeção de que o ensino protestante da purificação pelo sangue do Cristo ainda se mantém, pela fraqueza das mentalidades, não podendo passar por um espírito lúcido que o Criador imolasse um inocente.

E então declara, com muita ironia, mas pouco acerto, *"em resposta sumária às perguntas do oponente de nível intelectual tão elevado"*, que lúcidos espíritos acolheram a idéia da imolação do Cordeiro de Deus. Sua demonstração é enriquecida de vários nomes.

Se tais espíritos aceitaram semelhante idéia é que, como já notava Gibier, naquele campo a lucidez se apaga. Aliás os que estudam Psicologia sabem que, na maior parte das vezes, a fé e a lógica se acham em completo divórcio. E a lista era de homens de fé, ou que tinham fé. Só pela força do hábito e da tradição pode alguém achar plausível que o justo pague pelo pecador. O que, porém, seria fácil de mostrar, se não nos minguasse o espaço, é que a suposta profissão não passava de tiradas literárias.

Como quer que seja, opusemos à doutrina propiciatória vasta argumentação de que o Autor habilmente se desviou. Mas um raciocínio só se destrói com outros raciocínios, e nunca à força de apóstrofes, de exclamações ou de onomásticas.

Inicia o nosso amigo o seu ataque, como invariavelmente acontece com todo autor pugnaz em campo religioso, com as proibições da lei de Deus. E lá vem a Bíblia.

Acha então que as escapatórias variam, procurando muitos justificar as proibições, sendo que alguns, e entre esses nós, depreciam o valor do Livro Sagrado. E cai em cheio nos escapantes.

É verdade que, de fato, muitos espíritas, talvez em respeito às velhas tradições da Cristandade, sem querer feri-las, têm procurado, naquelas escapulas, salvar os créditos do Velho Testamento. Não há dúvida de que é tapar o sol com a peneira. Quem tem razão, neste particular, é o Pastor. Ao absurdo e à truculência da vedação não existe escapadela que valha.

Depois de lançar os textos, como quem lança umas pedradas, mais uma exclamação: — *"Acima da Bíblia o raciocínio contraditório dos paredros do Espiritismo!"*

Nós, cá, só respondemos pelo nosso. Quanto à Bíblia, vamos ver.

Citando-lhe as vedações, na palavra infalível de Deus, os coerentes paredros do catecismo do Pastor esquecem uns tantos versículos, como por exemplo o de Levítico, 20:27, que reza assim:

> "O homem ou mulher que for necromante ou feiticeiro, certamente será morto; apedrejá-lo-ão, o seu sangue recairá sobre eles."

Parece que a subconsciência dos citadores lhes estava a dizer que só um indivíduo de maus instintos poderia perfilhar semelhante imperativo. Daí o esquecimento. Necromantes ou feiticeiros são médiuns. Destarte, porque um infeliz veio ao mundo píton ou sensitivo, capaz de receber influências externas, além da morte horrível a que terá que ser submetido, ainda vê o sangue recair sobre si. Só um tipo feroz pode aceitar a doutrina de que um sujeito dotado de faculdades paranormais, de que não tem culpa, deva ser sacrificado a pedra.

Todos os que possuem um pouco de cultura psíquica sabem que o mediunismo independe da vontade do médium; é um dom que lhe foi concedido ou uma triste dádiva que lhe foi outorgada, sem que ninguém lhe perguntasse se os aceitaria ou não. Trata-se de uma faculdade que não pediu, que não desejou, que muitas vezes o contraria, e que, em certos casos, tudo faria para não possuir. Sabem-no aqueles que são familiares com o longo capítulo das manifestações espontâneas, da intervenção dos Espíritos à revelia dos pacientes, nela incluídos os casos de obsessão e possessão, de que eles fazem todo o possível por se livrarem.

O mediunismo é a interferência do defunto, e só pela cabeça de um neófito pode passar a idéia de que eles precisem sempre de nossa chamada para se apresentarem.

Pois, por esse predicado de que o indivíduo tem tanta culpa como o de ser surdo, caolho ou mudo, o de ter voz fina ou grossa, o de ser alto ou baixo, deve ser ele lapidado, assassinado, indo necessariamente, por fim, esbarrar às portas do inferno.

Essa ignorância do fenômeno, ou pior ainda, essa perversidade, devemos nós acatá-la, porque a intensidade do raciocínio ou as vozes da consciência devem ficar abafadas, todas as vezes que houver à mão um versículo bíblico.

Mas, nem mesmo nesse versículo poderia manter-se o pastor amigo, porque, contrastando com aquelas terríveis cominações, aí estão os velhos textos prenhes de encantamentos, pitões, pitonisas, incorporações, vidências, profecias de toda a ordem, e toda a sorte dos fatos, hoje estudados pela Metapsíquica.

Lemos, mesmo, em Joel, 2:28-29:

> "Derramarei o meu espírito sobre toda a terra: vossos filhos profetizarão, os vossos anciãos sonharão, terão visões vossos mancebos..."

É a previsão do mediunismo. E temos sobre ele a maldição de Deus, quando é Deus que no-lo dá!

Insubsistente, portanto, o inteiro capítulo do Autor sobre este assunto.

* * *

Nada nos prova a infalibilidade bíblica. Entretanto, a cada passo, o digno Pastor nos fulmina com a *palavra de Deus,* como se essa palavra fosse absolutamente fora de dúvida, ponto incontrovertido, matéria irrefutavelmente estabelecida, verdade demonstrada como uma experiência ou evidente como um axioma. E é de ver-lhe a ênfase quando contrapõe a um princípio espírita as ordenações divinas; quando ridiculariza a doutrina dos Espíritos baseado numa página sagrada; quando esmaga uma proposição com um versículo; quando opõe ao raciocínio uma passagem testamentária; quando obscurece qualquer argumentação com um dilúvio de textos.

Vê-se que não contém os ímpetos da indignação e da surpresa quando se tem a inqualificável ousadia de negar, discordar, emendar ou mesmo interpretar um lance das Escrituras. Aquilo deve ser firme como um penhasco. É o pleno domínio do dogma contra a força probante dos fatos ou os imperativos categóricos da razão.

Consideramo-nos, portanto, obrigado, com o único elemento de que dispomos, que é o exame do ensino bíblico, a verificar se é possível ter confiança no esteio a que se arrima o honrado contraditor. Verifiquemos pelo fruto o valor da árvore.

Há ainda mais e é o que diz o Pastor:

> "É tal a clareza do ensino apostólico sobre a singularidade da morte que os espíritos mais cultos ou emudecem totalmente como sucedeu com todos os impugnadores de "O Espiritismo Analisado" ou têm a saída incoerente de considerar a Bíblia como um livro eivado de erros, tal fez o Dr. C. I., quando escreveu a propósito de outra doutrina bíblica — encontramos nela os mais descabidos e inaceitáveis absurdos."

Pois vamos demonstrá-lo.

Muito a contragosto nos abalançamos a esta caminhada, visto que o respeito às crenças alheias nos desvia sempre da crítica demolidora. Mas é forçoso, diante da impetuosidade do nosso honrado contraditor, mostrar onde se vão quebrar as vagas da sua dialética.

Tomemos alguns exemplos:

Acha-se em Números, 31. *"Disse Jeová a Moisés: Vinga os filhos de Israel dos Medianitas."* E se Jeová o disse, Moisés melhor o fez. Armou os homens para a guerra a fim de executarem a vingança de Deus. *"E eles pelejaram contra Midian, como Jeová ordenou a Moisés e mataram todos os homens."* E mataram também o rei dos Midianitas, e Balaão, filho de Beor. E mais: *"Os filhos de*

Israel levaram cativas as mulheres de Midian com seus pequeninos; e despojaram-nos de todos os seus rebanhos e de todos os seus bens. Queimaram-lhes a fogo todas as cidades em que habitavam e todos os acampamentos."

Parece que depois do terrível saque e da pavorosa matança, a ira de Deus e a de Moisés deveriam estar aplacadas. Pois não se saciaram. Moisés ficou furioso diante da ninharia da pilhagem e da fraqueira do morticínio: "*Indignou-se Moisés contra os oficiais do exército, capitães dos milhares e capitães das centenas.*" E não era para menos. Uma vingança como a ordenava o Senhor, deveria ser abracadabrante. Uma carnificina assombrosa. E Moisés intimou: "*Agora matai a todos os machos entre os pequeninos e matai as mulheres que conheceram homem... deixai-as viver para vós.*" Está em reticências o que a moral manda calar.

Tais cenas faziam dizer um crente em melhores divindades:

"...Sim, mas vosso Deus não poderia ser o nosso; não nos podemos ajoelhar diante de Jeová, massacrando povos, confundindo em sua cólera os inocentes, as crianças e os velhos, e mandando reservar as jovens, que ele entregava a seus guerreiros depois da batalha, quando tinham suficientemente degolado cananeus, amorreus e amalecitas, para satisfazer sua vingança."

Não será, porém, de admirar esse gosto pelas batalhas, esse degolamento de vencidos, essa sede de sangue, quando "*Jeová é homem de guerra*". (Êxodo, 15:3.)

Fez ele os homens e o mundo e achou, no momento, que estava tudo muito bem feito. E era natural que o achasse. Tratava-se do Onisciente, do Onipotente. Engano, puro engano, porque depois "*viu que era grande a maldade humana e então se arrependeu*". (Gênesis, 6:5-6.) Aliás, toda a sua vida bíblica é uma série de arrependimentos. Como qualquer mortal de mau gênio e maus bofes, enche-se constantemente de ira. De uma feita Moisés chegou a increpá-lo: "*Por que se acende a tua ira contra o teu povo?*" E o aconselha, ou melhor, ordena: "*Volve-te do furor da tua ira e arrepende-te deste mal contra teu povo."* (Êxodo, 32:13.) E vai daí Jeová caiu em si, viu que tinha errado, e graças a Moisés voltou atrás de suas tropelias.

E ele se arrependia tanto, que chegou a cansar. Como se vê em Jeremias, 15:6, ameaça fazer coisas medonhas e confessa *"que está cansado de se arrepender"*.

Em Números, 14:19, Moisés intercede pelo povo, e Jeová atende.

Moisés desce do Sinai com as Tábuas da Lei, onde se dizia — *não matarás* — e logo, para exemplificar, manda matar três mil pessoas e pede a bênção para os assassinos. Pois é ainda esse quem sustém o braço do Criador nas suas inomináveis violências.

João diz que nunca ninguém viu a Deus (I João, 4:12): "Deus nunca foi visto por alguém". É o que também diz Paulo (I Tim., 6:16). Jesus afirma que só ele viu o Pai (João, 6:46). Deus diz a Moisés: "Não poderás ver minha face nem homem nenhum" (Êxodo, 33:20). Mas...

Deus aparece a várias pessoas (Êxodo, 6:3) e é "visto face a face" (Números, 14:14).

O povo egípcio ficou ruim como o seu faraó, mas foi o próprio Deus quem lhes endureceu os corações (Êx., 10).

Elias também fez umas deploráveis matanças, o que levou talvez Tiago a dizer que ele é igual a nós (Tiago, 5:17). Não obstante foi direito para o Céu, quebrando destarte o regimento interno do Paraíso, que não permite ali a entrada de corpos corruptíveis.

Nós hoje nos horrorizamos quando certos ditadores ordenam delações e mortes, contra todas as leis do coração, da piedade, do amor da família. E chamamos a esses que tais de verdugos, desalmados, bandidos...

Nada mais injusto, desde que o exemplo vem de cima, vem do Alto, vem de Deus:

"Se teu filho, filho de tua mãe, ou teu filho e tua filha, ou a mulher do teu coração, ou o teu amigo, que te é como a tua alma, te incitar em segredo, dizendo: vamos e sirvamos outros deuses... não lhe cederás, nem o ouvirás, o teu olho não terá piedade dele, nem o pouparás, nem o esconderás, mas certamente o matarás. A tua mão será a primeira contra ele para o matar, e depois a mão de todo o povo. Tu o apedrejarás até que morra." (Deut., 13:6-11.)

Isto apenas por servir outros deuses.

Ordena mais *"que se escravizem os que se entregarem, ainda mesmo por meio de paz, sem pelejarem"*. (Deut. 20:10.) Nas cidades que pelejarem manda assassinar todos, não devendo ficar coisa alguma que tenha fôlego. (Idem, 20:16). Os pais devem levar os filhos desobedientes à morte (Idem, 21:18).

Napoleão e outros foram muito mais humanos.

Poderíamos tratar ainda da vida conjugal de Jacob, do caudilhismo de David, dos que cediam a outros as suas mulheres e filhas, com fins inconfessáveis, ou lamentáveis; das proscrições, anátemas e injúrias contra as mulheres, vaso maldito, donde promana toda a desgraça do Mundo; da salvação pela fé e pelo arrependimento, quando o arrependimeneo e a fé não dependem de nós... E outros pontos interessantes. Mas a tirada já vai longa.

* * *

Aqui temos o que é a quintessência da bondade, da justiça e do amor divino. Compreender Deus é assim. Nisto surgem os Espíritos e dizem que o que Deus prescreve é a Caridade na sua maior extensão; o que manda é que sejamos pacíficos, tolerantes, despidos de cobiça, de vaidades, de paixões; que nos amemos uns aos outros, sem restrições. E entre os vários e salutares conselhos que nos ministram, deixam escorregar umas tantas proposições, como a de que, para nós o imaterial seria o nada, e que devemos respeitar as religiões alheias...

Aí já se não contém a paciência do digno e eloqüente orador. E temo-lo, fulgurante, a exclamar *que o Espiritismo é dissolvente em sua moral.*

Restar-nos-ia examinar a lista de sábios e literatos que se manifestaram pela Bíblia, mas não temos dúvida. O de que duvidamos é da integridade do raciocínio deles.

Como se vê, a Bíblia não pode ser razão de peso contra o ensino dos Espíritos.

*

As invenções em Espiritismo.

Dizia o autor:

"Richet, depois de mais de 20 anos de experiências espíritas, acabou pondo em dúvida a presença de espíritos desencarnados, porque jamais os Espíritos puderam provar que sabem qualquer coisa. Nenhuma descoberta inesperada tem sido indicada... nenhuma parcela da ciência futura tem sido sequer suspeitada."

Acha ainda que isto é desastroso para a hipótese do Espiritismo, visto que os mortos não nos têm ajudado a dar um passo em Geometria, em Física, em Psicologia, nem mesmo em Metapsíquica...

E na 2.ª edição:

"O Dr. C. I. tentou refutar essas declarações. Mas, em lugar próprio, veremos que a resposta foi um fracasso."

Cheguemos ao lugar próprio e vejamos o fracasso de nossa resposta e as seguras marteladas do Reverendo.

— Bela descoberta — exclama ele. — "Uma borracha em torno de uma roda faz uma légua em dez minutos! É quase incrível!" — Isto porque disséssemos, porque apresentássemos, *entre muitas outras descobertas*, a visão de Allan Kardec, isto é, a de uma inscrição com estes dizeres — "A borracha em torno de uma roda faz uma légua em dez minutos." E a vidência fora muito anterior ao automóvel.

E vai o autor, entra a demonstrar o disparate da visão e o nosso conseqüente fracasso; porque

"...hoje, o avanço mecânico aplicado à indústria dos automóveis permite não a uma borracha sobre rodas, mas a maravilhosos motores, fazer que os automóveis desenvolvam a velocidade de mais de 100 léguas por hora!"

Não sabemos se o disparate está na borracha ou nos 10 minutos. Parece que o que mais impressionou o nosso contraditor foi a légua em 10 minutos, quando a visão deveria abranger todo o progresso viageiro, provavelmente até o dia do juizo.

Ora uma légua!... exclama, irônico.

Por maneira que, se alguém, antes do descobrimento do vapor, predissesse a caldeira de Papin ou antevisse o batel de Jouffroy, teríamos o fracasso das previsões; estaríamos diante de um disparate imperdoável. "O Espiritismo Analisado" só tomaria o fato em consideração, se o médium pudesse descobrir os veículos que as gerações irão desfrutar *nos milênios futuros*. Provavelmente, o piróscafo, os cruzadores de batalha, os modernos transatlânticos, numa antevisão medianímica provocariam a chacota do nosso amigo. As previsões sobre acontecimentos próximos não figuram na cartilha do Pastor. Prever é ir logo ao fim do mundo; tal é a doutrina do amigo. Fora disso é o disparate do Kardec e o nosso fracasso.

Ora, o que se previu, no caso da roda, foi a mais recente aplicação da borracha nos carros, quando ninguém poderia cogitar dessa aplicação. Achar esse fato um disparate, porque a previsão não foi aos últimos limites, que nem sabemos quais são, seria o mesmo que tomar como despautério tudo o que há em matéria de preconhecimento.

Dir-se-ia fato extraordinário mencionar, sem o fornecimento de qualquer indicação, o que vai acontecer no dia seguinte ao indivíduo tal. Engano. Esse fato extraordinário causaria arrepios ao honrado escritor. Não arrepios de espanto, mas de indignação, porque o certo, o apreciável seria dizer o que iria suceder ao sujeito no dia do seu falecimento. Antes, nada!

Mas o caso da roda foi um incidente mínimo em a nossa argumentação, não só porque expusemos muitos outros fatos de premonição e descobrimentos científicos, como fizemos notar a nenhuma importância desses descobrimentos para a finalidade da doutrina. Eles vieram, apenas, para mostrar que nem mesmo esse recurso extremo, de que se socorrem os opositores, lhes valia, visto que são desmentidos pelos fatos.

O nosso raciocínio consistiu em deixar patente quais os fins da doutrina; que ela tinha em vista, não interferir naquilo que cabia ao esforço humano e seria o produto da evolução, mas provar a imortalidade, apresentar as funestas conseqüências da infração à lei moral, encaminhar as criaturas para a felicidade pelo Bem.

O escopo das mensagens espirituais nada tem que ver com a Ciência, ou os seus progressos. Acusar o Espiritismo de não ter contribuído para a Geometria ou para a Botânica seria o mesmo que culpar o Cristianismo por não haver descoberto a pólvora. Necessariamente foi para missão bem mais elevada que Jesus veio ao Mundo.

Mas o Pastor deixou toda essa história de lado. Não viu nada, não percebeu nada. Não lhe tocou. Ficou rodando em torno da roda, e nesse rodeio deixou patente o nosso fracasso.

Valeria a pena, ainda, saber o juízo que faz o Autor, de Psicologia e Metapsíquica, a cujas disciplinas, segundo afirma, os mortos não ajudaram a dar um passo.

A Psicologia é a ciência da Alma e a Metapsíquica a dos fatos espiríticos. Graças ao Espiritismo viu-se que os poderes da alma se ampliavam; notou-se a sua liberdade em relação ao corpo, ora restrita, ora plena; ele desfez a velha noção do paralelismo psicofísico. Nota-se que a alma não é mais a eterna escrava do corpo; que se exterioriza, que viaja, que vê, que ouve, que sente sem os órgãos; que mostra, por vezes, mais acuidade, mais vitalidade em momentos catastróficos para o soma. Pois isto para o Pastor não vale nada: Os mortos não deram nenhum passo para a Psicologia.

A Metapsíquica é o estudo da manifestação espírita. Sem essa manifestação não existiria aquela ciência. Os mortos, entretanto, para o abalizado contraditor, não ajudaram em nada a Metapsíquica. O que é a Metapsíquica, quem a ajudou, qual é a sua causa, quem a produz, não entrou em suas cogitações. Basta que se saiba que os mortos não fizeram nada e vamos adiante.

Para finalizar, agora, o capítulo, leiamos Richet, em quem o Pastor se estriba. Diz o mestre da Sorbona, em "La Grande Espérance", Ed. Montaigne, Paris:

"...Aliás, nada nos diz que a morte termina tudo e há alguma razão para acreditar que nos movamos num sonho e que teremos magníficas surpresas ao acordar." (Pág. 49.)

Tratando dos poderes extraordinários dos médiuns:

"A única explicação possível, que aliás não é uma explicação, é a de dizer que eles são, ou super-homens, seres estranhos, excepcionais, ou que são ajudados, protegidos, envolvidos por certas forças sobrenaturais, invisíveis e desconhecidas. Essas forças parecem inteligentes e podemos chamar-lhes espíritos." (Pág. 151.)

"Dividiremos essas experiências de lucidez em dois grupos: casos nos quais não se pode admitir a intervenção de um espírito; casos nos quais essa intervenção é possível." (Pág. 167.)

"A falar verdade essas objeções, por mais fortes que sejam, não se mantêm diante de certos fatos. Quando Georges Pelham se diz presente e que pela voz da Sra. Piper conversa durante muitos meses com uma vintena de seus antigos conhecidos, como se absolutamente Georges Pelham ali estivesse, não há explicações, por mais alambicadas, que dêem a esses fatos outra interpretação que não seja a da sobrevivência de Pelham. (**Il n'y a que des explications très alambiquées pour donner à ces faits une autre interprétation que la survie de Pelham**)." (Págs. 195.)

"Devo declarar que não repilo, de forma nenhuma (**nullement**), o que os espíritas afirmam." (Pág. 272.)

"Qualquer que seja a audácia dessa afirmação, a de que há anjos e desencarnados, é impossível, em certos casos, deixar de admiti-los." (Pág. 276.)

Como se vê, Richet, apesar de seus receios e de suas dúvidas, não pôde fugir à hipótese espírita. É para ele a mais simples, a que se impõe em determinados casos. Quando Georges Pelham se identifica, não conhece outra hipótese para explicar o fenômeno.

O fato espírita é a demonstração da sobrevivência. Os maiores cépticos, mesmo os em que se escuda o nosso extremado opositor, inclinam-se diante de sua força probante. É para aquela demonstração que vêm até nós os Espíritos. Fartos estão eles de o declararem.

Procurar outros ensinos que os Mensageiros não se propuseram ministrar, outro alvo que a doutrina não consigna, outros fins que não lhe cabem, outra órbita que não lhe pertence, é procurar enganar os pacóvios, embaraçar os ínscios, obscurecer propositadamente o assunto.

Os conhecimentos não nos podem chegar antes de sua época própria.

* * *

AS SESSÕES E OS FENÔMENOS

O Espiritismo é suspeito nos processos escusos de suas sessões.

Dizia muito sensatamente o Prof. Othoniel Mota que os seus correligionários não deviam negar a realidade dos fenômenos psíquicos, porque, descoberta essa realidade, dir-se-ia que a doutrina protestante se baseia na falsidade e na mentira.

Deixou de lado tão salutar conselho o ilustrado autor do E. A., e, para tirar do caminho o estorvante calhau do fato metapsíquico, caiu no grave erro que o seu colega temia. E assim principia declarando:

> "Incontestavelmente as sessões do Espiritismo são em regra feitas em recintos de penumbra ou de trevas, a portas fechadas. Os espíritos desse sistema têm horror à intensidade da luz. E note-se, também não operam com facilidade no meio em que se encontram os que duvidam de suas manifestações. Os espíritos preferem as sombras da credulidade...
>
> "E quando os sábios em comissão conseguiram examinar suas operações, verificaram que elas falharam completamente."

Aqui só há uma proposição mais ou menos verídica, mas essa mesma vem demonstrar a falta de critério científico que presidiu à análise do Autor.

Não é exato que as sessões sejam feitas em penumbra ou trevas. As únicas a que a luz pode prejudicar são as de efeitos físicos, e destas, principalmente, as de materialização, parte mínima em relação à totalidade da fenomenologia. Mas, ainda assim, os seus principais fenômenos, aqueles considerados clássicos, os observados pelos grandes sábios, realizaram-se todos ou quase todos a plena luz.

Katie King deixara-se examinar à luz de todas as lâmpadas, e William Crookes declara que as suas longas experiências de vinte anos se verificaram à luz do luar, das velas, das lâmpadas, do gás, à luz elétrica, à luz do dia. ("Quartely Journal of Science", 1874.)

Nas sessões da Sra. Bisson, Marta era vista à luz vermelha e branca, e isto ao mesmo tempo que o fantasma (Bisson. — "Les Phénomènes de Materialisation").

Lebieddzinski assegura que os fenômenos que verificou foram todos à luz. ("Essai de Classification".)

Bozzano, em longa monografia, enumera os fenômenos objetivos que se observaram em plena claridade. (Bozzano. — "En défense des phénomènes", 1933.)

Como se vê, inteiramente insustentável a 1.ª asserção do Pastor.

Também é inexato que seja condição indispensável para a produção a crença do experimentador.

Quase todos os sábios eram cépticos antes das experiências e muitos tinham o firme propósito de desmascará-las.

Richet declara nas suas Conclusões ao "Tratado de Metapsíquica":

> "Talvez, e me acuso por isso, não me tivesse convencido das experiências inumeráveis que eminentes sábios publicaram, se para os quatro fenômenos fundamentais da Metapsíquica, não tivesse sido testemunha, testemunha pouco entusiasta, testemunha severa, testemunha revoltada, testemunha desconfiada ao extremo dos fatos que se me propunham." ("Traité", p. 784.)

Maxwell nos diz:

> "Eu não sou espírita, nem teosofista, nem ocultista. Não creio nas ciências ocultas, não creio no sobrenatural, não creio no milagre. É com os experimentadores que me enfileiro." **(C'est avec les expérimentateurs que je me range").**

E foi um experimentador, e escreveu "Les Phénomènes Psychiques", e várias outras obras. ("Les Phén.", pág. 11.)

Lombroso era céptico e entrou em investigações "*lontano da ogni teoria*". ("Ricerche", Intr.)

Conan Doyle, no começo de seus trabalhos, mantinha todo o empenho em descobrir qual dos companheiros fazia mover a mesa. ("New Revelation".)

O Dr. Richard Hodgson "*one of the main pillars of the S. P. R.*", foi enviado às experiências como um perito descobridor de fraudes. As suas conclusões são bastante conhecidas.

O professor da Universidade de Colúmbia, James Hyslop, começou as suas pesquisas com incredulidade *(in a sceptical frame of mind)*. Antes, o que buscava era mostrar o erro dos que acreditavam em Espíritos. Vejam-se as suas obras.

"*Eu tinha a princípio repelido estas coisas*" — diz Mapes, professor de Química, na América do Norte.

Robert Hare, refere Delanne, iniciou suas indagações em 1853, para embargar a onda crescente de demência popular que se pronunciava a favor do Espiritismo. ("Le Phénomène Spirite".)

E temos por terra a 2.ª asserção.

Restam as sessões de portas fechadas.

Não será precisa muita acuidade para que se verifique a necessidade, em qualquer experiência, dos gabinetes tranqüilos, dos ambientes calmos, de reduzido número de pessoas, da mais completa ausência de tumulto. E logo salta aos olhos dos que conhecem a matéria, que, em se tratando de problemas transcendentais, nas quais vamos lidar com forças estranhas, onde se faz mister o silêncio, o recolhimento, a meditação, a concentração, e até a prece, que maiores devem ser as precauções tomadas.

Todos os peritos no assunto aconselham sempre, para o bom rendimento das sessões, umas tantas regras e, entre estas, a de pouca gente, muita calma, nenhum ruído, e seleção dos presentes, não pela sua credulidade, mas pela sua moralidade. É uma questão de técnica, e isto nada tem que ver com a demonstração do fenômeno, para a qual se empregam vários processos e entre estes uma custosa e complexa aparelhagem.

Pois o amigo requer, nas sessões, para lhe dar crédito, a atmosfera tumultuária das multidões, o vozerio comum nesses momentos, e a entrada e saída de gente, e um arrastar de pés e de cadeiras, e o ruído de coisas que caem, e o choramingar das crianças, que devem acompanhar as mães, e a curiosidade perturbadora, e o acotovelar das pessoas que querem ver melhor, com os respectivos gritos de susto, de espanto ou de admiração. E, sobretudo, o ambiente formado pelas idéias, pelos desejos, pelas paixões, pelas revoltas, pela pouca moral dos presentes...

Em se tratando de forças psíquicas, não há negar a proficiência dos que querem as portas abertas. E tudo isso sem falar já nos distúrbios mentais dos pacientes, a que dariam lugar tais sessões públicas, a impressão que elas iriam causar nos que nunca viram aquilo e que não sabem o que aquilo é, imbuídos do sobrenatural, do mistério, do demônio, males esses que tanto afligem os zeladores da saúde pública, e que intumescem de grandes receios às páginas do nosso distinto Pastor. E ele, tão temeroso, ainda queria sessões aonde fosse toda a gente!

Repare-se com que mão de mestre o nosso patrício do Norte trata dos processos escusos das sessões!

* * *

Restam as comissões. O Autor nomeia três, uma negativa, outra promovida por imperitos, tendo à frente um cabotino, que foi Paul Heuzé, apanhado várias vezes em falsidade, finalmente a de um Pascoal Erto, já posto à margem pelos metapsiquistas, e que Heuzê explorou, em benefício de suas suspeitas atividades. Depois do que, conclui o pastor:

> "Se tudo isso se passa nas célebres experiências do chamado alto-espiritismo, perante vultos de tanta cultura, imagine-se o que não se verifica nesses antros de ignorância e crendice em que enxameiam os que vão consultar os mortos contra o preceito da Lei."

Os vultos de tanta cultura são uns sujeitos que não entendiam nada do riscado, improvisados experimentadores em matéria onde se requer profundo estudo e prolongada prática; outros, além de desconhecedores, inteiramente desconhecidos, e o Paul Heuzé, por contrapeso, ou peso todo. Respeitável turma.

Quanto às demais comissões que houve pelo mundo a fora não boquejou o inflamado autor da jaculatória. Parece que o relato delas não chegou até às plagas do Norte.

Entretanto, vejamos. Lá para 1869, houve uma Sociedade chamada Dialética de Londres, que nomeou 34 homens de reputação ilibada e notórios conhecimentos para examinarem os fenômenos do Espiritismo. (*Thirty-four gentle men of standing were appointed upon committee* — diz Conan Doyle.) E ali havia cirurgiões, engenheiros, cientistas, literatos, advogados. Depois de longa série de experiências atestaram a existência supranormal de sons, movimentos de corpos pesados, respostas a perguntas só conhecidas de um dos presentes, aparição de mãos e rostos. Não há estudioso em Psiquismo que não conheça os resultados das pesquisas da *Sociedade Dialética*.

Na comissão organizada por Meyerson, os fenômenos verificados estiveram fora de qualquer dúvida. Veja-se a descrição dada por Geley na "Revista Metapsíquica", 1923.

Pelo gabinete de Notzing passaram as maiores celebridades do mundo científico alemão e países vizinhos, já em grupos, já isoladamente. Andaram em perto de cem. Os relatórios e as conclusões desses sábios, francamente afirmativos, se encontram na obra do experimentador tedesco — "Experimente der Fernbewegung".

Várias comissões assistiram com Lombroso aos trabalhos de Eusápia, contando-se, entre os professores, Tamburini, Ascenci, Gigli, Limoncelli, Vizioli, Bianchi, o Dr. Pente e outros.

Em Milão, no ano de 1892, tornaram-se memoráveis as sessões que Eusápia produziu perante o mesmo Lombroso e ainda mais Aksakof, Finzi, Ermácora, Richet, Brofferio, Gerosa, Du Prel; os fenômenos consistiram em soerguimento de mesas, variações de peso do corpo da médium, verificadas na balança, aparições de mãos em fundo luminoso, levitação da médium, toques à luz, contactos com figuras humanas, transportes, etc.

Em Paris reuniram-se Richet, Madame Curie, Courtier, d'Arsonval, Jourievitch, Dubierne. Leia-se o chamado relatório Courtier e mais as descrições relatadas no "Bulletin de Institut Général Psychologique" — Paris — 1905-1907.

Para examinar Guzik houve uma comissão que se tornou célebre pelas notabilidades que a compunham, cerca de 40 pessoas, entre cientistas e literatos. E elas firmaram um documento que dizia: "Declaramos que os fenômenos de Jean Guzik não podem ser produto de ilusão, alucinação ou fraude." ("Rev. Met", pág. 133, ano de 1923.)

Por fim, para tirar a limpo as acusações de fraude lançadas contra Eusápia Paladino, e tão encontradiças nos livros que se repetem uns aos outros, a *Society for Psychical Research,* de Londres, enviou para examiná-la três dos seus mais competentes membros, célebres em descobertas de fraudes e dotados da qualidade de habilíssimos prestidigitadores; foram eles o Dr. Hereward Carrington, o Honourable Everardo Feilding e M. W. Baggaly.

A comissão, depois de longo relatório, conclui: *"Estamos convencidos de que as provas são de inabalável solidez. A médium prestou-se a todas as exigências. Temos como resultado a completa realidade supranormal dos fatos verificados."*

O relato completo se encontra nos "Proceedings" de Londres, havendo um *Compte rendu de la Commission chargée par la Société for P. R. dune série d'expériences avec Eusapia Paladino,* nos "Annales des Sciences Psychiques", Paris, setembro de 1909.

Poderíamos ter começado pelas comissões encarregadas dos *raps* com as irmãs Fox, e que, pelo seu veredicto, quase foram imoladas na via pública. E muitas outras de menor vulto. Mas o tempo urge e o papel escasseia.

O que aí fica já basta para que verifiquemos como a verdade transparece através das lentes de apaixonados opositores. Para eles não é a solidez do fato o que impressiona, nem a sua realidade, senão os casos negativos, fraudulentos ou mal examinados.

Não precisamos pôr mais no capítulo. Cremos que já se pode fazer um seguro juízo de como *o Espiritismo é escuso e suspeito nas sessões.*

* * *

FENÔMENOS — FRAUDES E MAUS ESPÍRITOS

Falso em sua presunção científica.

Diz o Autor:

> "O caráter anticristão do E. se revela na ação dos fenômenos mediúnicos, onde as convulsões, os desmaios, as obsessões, as alucinações, os tremores, e tantos outros danos físicos e morais relembram a fúria dos endemoninhados referidos no Evangelho... Tudo evidencia que o Espiritismo não é de Deus."

O período é desculpável a quem, envolvido no mito, não pode perceber o caráter da nova doutrina, não compreende a natureza dos fatos, nem os fatos da natureza, e irritado contra idéias, princípios e fatos que vêm perturbar conceitos e ensinos seculares, não se dá ao trabalho da investigação, do exame, ou da simples reflexão. Tudo aquilo que contraria o dogma deve estar errado.

Imagine-se alguém a dizer que a Humanidade não é de Deus, pelos seres irrequietos, turbulentos e danosos que por aí andam. Quem fez estes seres fez aqueles Espíritos. Parece que, apesar de sua lucidez, o digno antagonista não viu que os Espíritos dos mortos não são outros senão os Espíritos dos que foram vivos; e, vivos ou mortos, cometem as mesmas tropelias, uns importunando neste mundo, outros obsidiando no espaço.

Tratando da origem do Espiritismo, lembra o Pastor:

"O Dr. C. L., em notável conferência, depois de referir-se ao desassossego que as primeiras manifestações espíritas produziram na família Fox, fez ver que a turbulência em Rochester foi tal que a Sra. Fisch não pôde continuar a dar lições."

E ainda:

"Kardec confessa que os espíritos chegam mesmo a causar uma perturbação geral e verdadeiros estragos... E outra coisa não era de esperar de agentes que o próprio Kardec descreve como frívolos, travessos, mentirosos, fraudulentos..."

O que o Kardec "confessa" é o que todos "confessaríamos", ou o que todos estamos vendo, sem confissão nenhuma: a turbulência dos Espíritos, que já foram encontrados assim, e de cuja existência não cabe a menor responsabilidade a Allan Kardec. Nem consta que o mestre tivesse qualidades ou funções geratrizes. Ele foi apenas o Codificador; não criou Espíritos.

Não foi tampouco o Espiritismo que os inventou. O caso é que existem, e o Espiritismo não faz mais que registrá-los.

Responsabilizar a doutrina, porque ora se verifica a existência de bons Espíritos, ora a dos maus, o mesmo é que responsabilizar o termômetro, porque ora marca a elevação da temperatura, ora a diminuição.

Se na manifestação de Espíritos inferiores há o anticristianismo, o mesmo poderíamos dizer de todos os aspectos da vida humana. Declarar que não vêm eles de Deus pela sua turbulência, o mesmo é que negar a paternidade divina ao enorme rebanho humano, todo ele turbulento.

Se, ainda, não foi Deus quem fez toda essa gente *"frívola, travessa, mentirosa, fraudulenta, hipócrita, má e vingativa"*, temos reformado por completo o catecismo do Pastor.

Outro engano é a confusão do caso dos "Espíritos inferiores" com o das Fox. A perturbação das Fox não era devida a Espíritos, mas aos vizinhos, aos curiosos, ao povo que lhes invadia a casa e não lhes deixaram mais tranqüilidade para coisa alguma.

O desassossego da família provinha dos encarnados; esses é que se agitavam, querendo todos ver os fenômenos. E os examinavam, e os comentavam e os discutiam. Tais fatos se dão comumente; acontecem em tudo e com tudo que vem alterar a vida ramerraneira, quer no campo científico como no religioso. Fazem parte dos perçalços humanos, constam da rotina da vida, e o anotá-los só poderá ser havido como confissão denunciadora, pelo espírito de seita.

Não foi o Kardec nem o Espiritismo que inventaram os curiosos, os impacientes, os insofridos que invadiam o lar das médiuns, ou as populações de Hydesville, de Rochester e das localidades que balburdiaram a vida das moças.

Necessariamente, Kardec diz as coisas como de fato são, como se verificam, sem esconder a realidade. Tudo se esfumaça, tudo se apaga diante da realidade. Nunca se poderiam usar os processos da cartilha do Pastor, que não recua em frente do inverossímil, do inverificável, do inacreditável, desde que se tenha de defender uma tese.

Vejamos, para prova, uma explicação do E. A.:

> "Hoje serás comigo no Paraíso". Dizem alguns espíritas que esse Paraíso não podia ser o Céu ou a casa do Pai, porque, depois de ressuscitado, disse Jesus a Madalena: Não me toques porque ainda não subi para meu Pai. Ora, Madalena quis tocar o corpo de Jesus e esse corpo ainda não tinha subido ao Pai..."

Nem podia subir. Donde se infere que, quando Jesus diz *eu, eu não fui ao Pai,* refere-se ao corpo. O *eu* era a matéria. A individualidade, a personalidade era o corpo. Mas o corpo, de maneira alguma, poderia ir ter ao Paraíso. Logo, Jesus nunca iria ter ao Pai. Malgré Elias e cremos que Enoc.

* * *

Também não é exato que se revele sempre na ação dos fenômenos mediúnicos aquilo que o Pastor enumera, *fraudulência, mentira, travessura, frivolidade...* Quem o ler, ficará supondo que manifestação de Espíritos significa, invariavelmente, turbulência. A imensa gama das manifestações superiores passa por um eclipse total na pena dos adversários. Não seria de mais, por não perder tempo, remetê-lo às obras do Codificador e de tantos quantos, sem sectarismo, têm escrito sobre manifestações mediúnicas. Pois é o que fazemos.

* * *

Em matéria de fenômenos, o Autor repisa umas tantas velharias, já mil vezes refutadas, e que foi colher ao livro do Dr. Ribeiro e talvez a outros doutores, onde a parcialidade abundosa contrasta com a parcimônia dos conhecimentos.

Assim nos diz *"que as experiências com o célebre médium Eva falharam completamente"*.

E desde que há experiências que falham o Autor tem como nulas todas as demais, mesmo as que não falham.

De Florence Cook afirma:

> "O médio Florence Cook, senhorinha em que tanto confiara William Crookes (e a quem dedicara versos bastante apaixonados) confessou a Home — segundo médio examinado por aquele cientista extremamente míope —, que fora uma farsista, que enganara o velho sábio."

Não perderemos tempo em discutir o caso das experiências de Crookes, apresentado nos bons livros, e de tal modo probatório, que Richet via ali granito puro.

Deixaremos, mesmo, de parte, a paixão e a miopia de Crookes, que não sabemos como chegou ao conhecimento do Pastor. O que sabíamos é que o sábio admirava a beleza de Katie King. No laboratório do nosso amigo das plagas do Nordeste, aquela admiração pela beleza do fantasma se transforma em paixão pela médium. Dir-se-ia que, nas suas apreciações, o digno professor usou os espelhos ustórios, ou essas lentes que deformam as imagens.

Notaremos, apenas, a face risível da questão.

O sábio não se limitou a ver sem óculos e a apaixonar-se sem esperanças. Seria aliás curial que usasse as suas lunetas, pelo menos nas experiências.

Mas o principal é que ele tinha aparelhos, e máquinas, e instrumentos vários para o controle, que fiscalizou os fenômenos por processos mecânicos e por investigações pessoais; que se utilizou da técnica, da proficiência e da habilidade de um dos maiores eletricistas do mundo, que foi Varley; que se fez acompanhar de outros sábios; que verificou, ao mesmo tempo, a médium e o fantasma, chegando a vê-los com luzes de várias espécies, inclusive a do dia; que apalpou o fantasma, que o auscultou, que o examinou e notou as diferenças anatômicas e funcionais existentes entre o fantasma e a médium; por maneira que ficou absolutamente demonstrado tratar-se de personalidades distintas. Tudo isso está anotado, descrito, registrado, fotografado, provado. E a menos que tenhamos também como míopes e apaixonados todos os demais experimentadores e ainda por cima a máquina fotográfica, não sabemos como aceitar as acusações que acabamos de ver.

Caso mais interessante é o da confissão da médium. Essa teria declarado ao outro que era uma farsista, o que nos deixa estarrecidos; difícil será compreender por que, sem mais aquela, sem que ninguém a compelisse, sem que se oferecesse nenhuma razão plausível, saísse ela, espontaneamente, a denunciar-se, a desmoralizar-se.

E essa "confissão" absurda, vaga, imprecisa, inacreditável, e, sobretudo, indemonstrável, para a qual o Autor não apresenta o menor vislumbre de prova, é que vem destruir o "puro granito", ou sejam as experiências realizadas por uma das mais sólidas mentalidades do Império Britânico, com o auxílio de maquinismos e a assistência de competentes colegas.

Paremos no Crookes, e já teremos uma justa noção de como é falso o Espiritismo na sua presunção científica.

* * *

Ia-nos esquecendo a "Uranografia", de que o Pastor faz grande cabedal. Galileu apresenta certa mensagem que Kardec transcreve em "A Gênese", e que está em desacordo com o que o Pastor entende como a formação do mundo. A hipótese de Galileu seria a de Laplace, mas Laplace já é *démodé* para a ciência atual. Isto foi um verdadeiro achado para o Pastor, que enche várias páginas com a discussão da matéria, demonstrando como erram os *Espíritos superiores.*

Haveria muito que discutir no que toca à exposição e ao assunto. Poderíamos apresentar as contestações que correm mundo; mostrar as teorias, como a de Faye, que explicam o movimento retrógrado dos planetas; verificar que o sentido das palavras de então não era o mesmo das de hoje, e os Espíritos falam para o seu tempo; quando se discorria sobre a forma circular, tinha-se patente uma linha que, partindo de um ponto, voltava ao mesmo ponto, descrevendo uma curva e, destarte, aí estava incluída a elipse; ainda agora, referimo-nos a linhas circulares, bondes circulares, à Circular da Penha, sem que se tenha em vista um círculo perfeito; também chamamos esfera ao nosso mundo, quando ele é achatado nos pólos. Não poderemos deixar de estranhar a certeza no erro de Laplace, quando variam as hipóteses sobre os pontos em que ele assenta, e o próprio Pastor faz grande empenho em demonstrar que não se sabe nada, ainda, da origem e formação do mundo.

Não é, porém, essa origem e formação que queremos discutir; o assunto não nos interessa pelo momento. Deixaremos, mesmo, ao Pastor, no lance em questão, as palmas da vitória. A certeza ou não da teoria de Laplace nada influi na Doutrina Espírita, nem, mesmo, empalidece o valor dos *Espíritos superiores.*

Equivoca-se o caro escritor, e deve equivocar-se conscientemente, quando afirma que os *Espíritos superiores* deram a Kardec a gênese do globo terráqueo. O que os Espíritos superiores deram a Kardec foi a filosofia espírita, contida em "O Livro dos Espíritos". Para a apresentação dessa filosofia é que Kardec ouviu vários Espíritos, discutiu com eles, examinou-lhes a doutrina, estudou-a, e só a apresentou depois de verificar a concordância do ensino e a concordância dos Espíritos, além da lógica em que a doutrina se firmava.

Ora, quem disse o que se acha no capítulo IV de "A Gênese", não foram *os Espíritos*, foi *um Espírito*, que se assinou com o nome de Galileu, o que o próprio Pastor consigna, quando transcreve a folhas 64 do seu livro:

> "Este capítulo é extraído textualmente de uma série de comunicações ditadas na S. E. de Paris, em 1862, sob o título de Estudos Uranográficos e assinados por Galileu; médium G. F." (deve ser médium C. F.).

Como foram os *Espíritos superiores?* Têm-se como Espíritos superiores os que estão muito acima da craveira comum. Quando Kardec nos dá o nome do autor da mensagem, deixa a esse autor a inteira responsabilidade do que declara. Tal acontece com várias mensagens, transcritas a título de estudo.

O que constitui o verdadeiro ensino espírita deixamo-lo estabelecido páginas atrás, e sobre o caso não terá dúvidas quem ler as lições de Kardec, que se encontram na *Introdução* da mesma "A Gênese", e assim se verá que não inventamos a saída:

> "Apesar da parte que incumbe à atividade humana na elaboração dessa doutrina, a iniciativa pertence aos Espíritos; ela, porém, **não é formada pela opinião pessoal de nenhum deles**; ela não é e não pode ser mais que **a resultante de seu ensino coletivo e concordante.** (Grifo do próprio autor). Só com esta condição se pode dizer **doutrina dos Espíritos;** por outra forma não seria mais que a doutrina de um Espírito, e não teria mais que o valor de uma opinião pessoal. (Caso perfeito do Galileu).
>
> "Generalidade e concordância no ensino tal é o caráter essencial da doutrina, a condição de sua existência; daí resulta que todo o princípio que não recebeu a consagração da generalidade, não pode ser considerado como parte integrante da doutrina, mas simples opinião de que o Espiritismo não pode assumir a responsabilidade."

Há ainda a notar que o mestre não pretendeu substituir-se à infalibilidade do Papa ou à infalibilidade da Bíblia. Declarando o Espiritismo uma Filosofia evolutiva, aconselha, por evitar o fanatismo, que se acompanhem os passos da Ciência e só se dê crédito absoluto ao que for absolutamente demonstrado.

Nenhuma razão, portanto, para a prolongada latomia.

* * *

ÚLTIMAS RESPIGAS

Perfeição e Imperfeição Congênitas.

Na grande maioria dos pontos ventilados neste livro não tocou o Pastor, ou lhes passou tanto de largo, que não vale a pena voltar a eles.

Vamos, pois, ao que resta.

Diz que negamos a criação dos Espíritos como seres perfeitos e nos contradizemos com a declaração de que os Espíritos não disseram que o Pai cria seres imperfeitos. E escrevemos mais que a tese de que Deus cria seres perfeitos não é demonstrável em parte nenhuma.

Expliquemos o confuso caso, já devidamente ventilado nestas páginas. Insurgia-se o crítico contra o ensino de Kardec, o de que *"se os Espíritos fossem criados perfeitos não teriam merecimento para gozarem dos benefícios da perfeição"*.

Surgiram então os adjetivos, as exclamações: *"Mesquinho, injusto e cruel esse Criador material do Espiritismo... que cria seres imperfeitos!..."*

Daí declararmos que essa perfeição dos seres, ao iniciarem a vida, não é demonstrável. Depois veremos como a demonstra o Pastor.

Tivemos que explicar, o que o Pastor não viu, que os Espíritos não disseram que os seres eram criados imperfeitos, pela simples razão de serem iniciados *simples e ignorantes*. Partiam, portanto, de um ponto zero. Nem perfeitos, nem imperfeitos. Portanto, contradição nenhuma, nem nossa, nem dos Espíritos.

Agora vejamos por que se nota a perfeição. É porque — diz o escritor — a imperfeição é original. Temos que acreditar que Deus faz os Espíritos perfeitos. Mas, não se sabe como, no ato do nascimento, eles apanham a imperfeição dos antepassados. Fato, necessariamente, que muito há de contrariar a Deus, mas a que ele não pode dar remédio. E esta complicação devemos aceitá-la, pelo fato de estar nas Escrituras, ou se subentender das Escrituras, ou no-la afiançar o Pastor.

Clareza e lógica indiscutíveis! É com esse passe de mágica que Deus passa a não ser injusto, nem cruel. Os efeitos são os mesmos, os indivíduos continuam surgindo imperfeitos da mesma forma, mas salva-se a fórmula.

Tudo se explica, e a bondade divina logo transparece, porque, em vez de lançar a imperfeição diretamente, deixa o Criador que ela venha por meios atávicos. Pura questão de processo.

*

A Salvação.

À pergunta do Pastor sobre *"de que nos salvaríamos se não há a perdição eterna"*, respondemos que nos salvaríamos do erro, da ignorância, etc., etc. e apresentamos, ao pé dos dicionários, as várias acepções do verbo salvar.

— *"Engano manifesto* — revida o amigo. — *"Não é o homem que se salva a si mesmo."* — Lá vem a Bíblia como argumento decisivo. E conclui:

> "Em face de tudo isso, inútil se nos revela a erudição lingüística do Dr. C. I., quando, catedraticamente, ensina que salvar, do lat. **salvare, salvus**... etc., etc., é livrar da ruína, do dano, do inimigo, da sepultura.
>
> "Seja qual for o significado de salvar, a verdade é que Cristo veio salvar o que havia perecido."

Cumpre salientar, antes do mais, que a nossa "erudição lingüística", quando "ensinávamos catedraticamente", a significação de salvar, veio da pergunta do Pastor: — *"Salvar de que, se não havia perdição ou inferno?"* Tivemos, então, que explicar os vários sentidos de salvar. Como se vê, resposta ao caso da acepção restrita que ao salvamento dava o professor.

Não gostamos muito de andar apreciando os textos: Não temos o espírito aberto às fantasias, e, nesse caso, sentimo-nos peados ou atrapalhados nas interpretações, acomodações e combinações que fazem os exegetas para nos imporem as suas teses, nem sempre acessíveis à razão. Ora, de suas misturas e reações eles tiram o que querem. E não é próprio àqueles que só têm por escopo a verdade, onde quer que ela se encontre, meter-se em tais labirintos e cair numa ginástica onde tudo depende da maior ou menor habilidade mental do acrobata.

Temos um caso no próprio capítulo do Pastor:

"Se não crerdes em quem eu sou, morrereis no vosso pecado." (João, 8:24).

"Aos mortos espirituais dessa natureza referiu-se ainda Jesus quando disse certa vez a um homem, que se prontificara a segui-lo, depois de ir sepultar seu pai: — Deixe que os mortos sepultem os seus mortos." (Mateus, 8:22).

Como pode saber o Pastor que era dos mortos espirituais daquela natureza que falava Jesus, quando mandava que os mortos enterrassem os seus mortos? Nada há no texto donde se infira que o indivíduo que queria acompanhar o Divino Mestre, era um *morto,* e o pai dele, que deveria ser enterrado, outro *morto.* Antes, o que se vê é que Jesus mandou que o seguisse e deixasse a questão material do sepultamento a um outro. Pelo menos, é o que está lá. O mais é pura imaginação, que não sabemos por que nos há de obrigar. Por que será que "mandando os mortos enterrarem os seus mortos" isto quer dizer que os que não crerem morrerão em pecado? Não se percebe a ilação.

E é com esse *jeu de mots* e a mistura confusa de textos heterogêneos que o ilustrado opositor pretende esmagar as lições que nos são impostas pela mais inflexível lógica e determinada pelos mais robustos fatos.

Mesmo com *a salvação dos que haviam perecido,* a questão não muda de face. Tratar-se-ia da salvação dos que haviam perecido na ignorância, no embrutecimento, no atraso, e as palavras do Divino Mestre os reergueria e salvaria desse atraso, desse embrutecimento e dessa ignorância. Seria um perecimento moral, o que o próprio Pastor não negaria.

Cremos, portanto, que a nossa catedrática erudição não ficou de todo perdida.

*

Reencarnação.

Atribui-nos o Pastor a afirmativa de que nos salvamos pela reencarnação. Teríamos, então, se tal disséssemos, uma espécie de salvação mecânica como a do sangue do Cristo.

Vejamos o argumento do Pastor:

> "Se porém s. s. reconhece que Cristo veio salvar das manchas que entenebrecem o espírito humano, reduz a nada a sua preconizada reencarnação." Não é o homem, na contraditória filosofia do Espiritismo, que se salva a si mesmo dessas manchas pela reencarnação?"
>
> "E s. s. não crê no que o Cristo disse, pois contrapõe a palavra dele à sua, dizendo que esta salvação vem por meio da reencarnação."

Lesse o nosso livro antes de responder-nos, e o nosso prezado irmão não nos obrigaria ao estafante trabalho da repetição. Porque tudo já está devidamente explicado. A reencarnação é o preparo do terreno para o recebimento das sementes do Bem. Glebas, terras endurecidas, terras estéreis não recebem nada. Não é nos charravascais que medram as boas plantas.

Se dissermos que é necessária uma viagem a cidades aquáticas, ou regiões elevadas, ou a lugares de bom clima para poder curar-se o indivíduo, ninguém acreditará que é a viagem que cura.

A reencarnação é a viagem. É por ela que se chega a um clima capaz de nos proporcionar a saúde da alma.

Não é possível meter na cabeça de um sujeito atrasado, imbecil ou feroz, cheio de maus instintos, enraizado no crime, insensível, dotado de completa anestesia moral, qualquer noção do Bem. Isto não é questão de crenças. Não é questão de Escrituras. É questão de fato. É caso de observação e a observação não se destrói com versículos.

Não é à luz dos textos que se esclarece o caso, mas à luz da Antropologia, da Psicologia e da História.

*

Agora, uma explicação, pessoal.

Não importa a nossa tréplica na menor desconsideração ao eminente Pastor Jerônimo Gueiros, cujas qualidades e conhecimentos sempre admiramos, e por quem mantemos sincera estima, apesar das distâncias que nos separam no terreno ideológico e no terreno geográfico.